Italian Verbs

BROCKHAMPTON
PRESS

This edition published 1995 by Brockhampton Press,
a member of Hodder Headline PLC.

ISBN 1 86019 032 4

Printed and bound in Slovenia.

Verb Forms

Auxiliary: auxiliary verbs are used to form compound tenses of verbs, eg *have* in *I have seen*. The auxiliary verbs in Italian are *avere*, *essere* and *stare*.

Compound: compound tenses are verb tenses consisting of more than one element. In Italian, compound tenses are formed by the *auxiliary* verb and the *past participle*, eg *egli ha scritto – he has written*.

Conditional: the conditional is introduced in English by the auxiliary *would*, eg *I would come if I had the time*. In Italian, this is rendered by a single verb form, eg *verrei*.

Imperative: the imperative is used for giving orders, eg *sia buono – be good*, or making suggestions, eg *andiamo – let's go*.

Imperfect indicative: in Italian, this tense describes past habitual or continuous action, eg *Marco cantava – Marco was singing*.

Indicative: the normal form of a verb, as in *amo – I love*, *è venuto – he came*, *cerco – I am seeking*.

Past participle: this is the form used after the auxiliary *have* in English, eg *mangiato – eaten* in *ho mangiato – I have eaten*.

Past perfect: in Italian and English, this tense expresses an action which happened in the past before another past action. In Italian, this comprises the *imperfect indicative* of *avere* or *essere* and the *past participle*, eg *egli aveva visto* – *he had seen, noi siamo andati tardi* – *we had gone late*.

Present participle: this is the form which ends in *-ing* in English, eg *andando* – *going*.

Subjunctive: this is rarely used in English. It survives in expressions such as *If I were you*, and *God save the Queen*. In Italian, the subjunctive generally follows the conjunction *che* after expressions of doubt, fear, emotion, etc.

abitare *to live, dwell*

Gerund abitando
Past participle abitato

Present indicative	*Future*
abito	abiterò
abiti	abiterai
abita	abiterà
abitiamo	abiteremo
abitate	abiterete
abitano	abiteranno

Imperfect indicative	*Present conditional*
abitavo	abiterei
abitavi	abiteresti
abitava	abiterebbe
abitavamo	abiteremmo
abitavate	abitereste
abitavano	abiterebbero

Present perfect	*Present subjunctive*
ho abitato	abiti
hai abitato	abiti
ha abitato	abiti
abbiamo abitato	abitiamo
avete abitato	abitiate
hanno abitato	abitino

Past perfect	*Imperfect subjunctive*
avevo abitato	abitassi
avevi abitato	abitassi
aveva abitato	abitasse
avevamo abitato	abitassimo
avevate abitato	abitaste
avevano abitato	abitassero

Imperative abita (non abitare), abiti, abitiamo, abitate, abitino

accorgersi *to become aware of*

Gerund accorgendosi
Past participle accortosi

Present indicative	*Future*
mi accorgo	mi accorgerò
ti accorgi	ti accorgerai
si accorge	si accorgerà
ci accorgiamo	ci accorgeremo
vi accorgete	vi accorgerete
si accorgono	si accorgeranno

Imperfect indicative	*Present conditional*
mi accorgevo	mi accorgerei
ti accorgevi	ti accorgeresti
si accorgeva	si accorgerebbe
ci accorgevamo	ci accorgeremmo
vi accorgevate	vi accorgereste
si accorgevano	si accorgerebbero

Present perfect	*Present subjunctive*
mi sono accorto	mi accorga
ti sei accorto	ti accorga
si è accorto	si accorga
ci siamo accorti	ci accorgiamo
vi siete accorti	vi accorgiate
si sono accorti	si accorgano

Past perfect	*Imperfect subjunctive*
mi ero accorto	mi accorgessi
ti eri accorto	ti accorgessi
si era accorto	si accorgesse
ci eravamo accorti	ci accorgessimo
vi eravate accorti	vi accorgeste
si erano accorti	si accorgessero

Imperative accorgiti (non accorgerti), si accorga,
accorgiamoci, accorgetevi, si accorgano

affrettarsi *to hurry, rush*

Gerund affrettandosi
Past participle affrettatosi

Present indicative	*Future*
mi affretto	mi affretterò
ti affretti	ti affretterai
si affretta	si affretterà
ci affrettiamo	ci affretteremo
vi affrettate	vi affretterete
si affrettano	si affretteranno

Imperfect indicative	*Present conditional*
mi affrettavo	mi affretterei
ti affrettavi	ti affretteresti
si affrettava	si affretterebbe
ci affrettavamo	ci affretteremmo
vi affrettavate	vi affrettereste
si affrettavano	si affretterebbero

Present perfect	*Present subjunctive*
mi sono affrettato	mi affretti
ti sei affrettato	ti affretti
si è affrettato	si affretti
ci siamo affrettati	ci affrettiamo
vi siete affrettati	vi affrettiate
si sono affrettati	si affrettino

Past perfect	*Imperfect subjunctive*
mi ero affrettato	mi affrettassi
ti eri affrettato	ti affrettassi
si era affrettato	si affrettasse
ci eravamo affrettati	ci affrettassimo
vi eravate affrettati	vi affrettaste
si erano affrettati	si affrettassero

Imperative affrettati (non affrettarti), si affretti, affrettiamoci, affrettatevi, si affrettino

aiutare *to help*

Gerund aiutando
Past participle aiutato

Present indicative	*Future*
aiuto	aiuterò
aiuti	aiuterai
aiuta	aiuterà
aiutiamo	aiuteremo
aiutate	aiuterete
aiutano	aiuteranno

Imperfect indicative	*Present conditional*
aiutavo	aiuterei
aiutavi	aiuteresti
aiutava	aiuterebbe
aiutavamo	aiuteremmo
aiutavate	aiutereste
aiutavano	aiuterebbero

Present perfect	*Present subjunctive*
ho aiutato	aiuti
hai aiutato	aiuti
ha aiutato	aiuti
abbiamo aiutato	aiutiamo
avete aiutato	aiutiate
hanno aiutato	aiutino

Past perfect	*Imperfect subjunctive*
avevo aiutato	aiutassi
avevi aiutato	aiutassi
aveva aiutato	aiutasse
avevamo aiutato	aiutassimo
avevate aiutato	aiutaste
avevano aiutato	aiutassero

Imperative aiuta (non aiutare), aiuti, aiutiamo, aiutate, aiutino

alzare *to raise, lift up*

Gerund alzando
Past participle alzato

Present indicative	*Future*
alzo	alzerò
alzi	alzerai
alza	alzerà
alziamo	alzeremo
alzate	alzerete
alzano	alzeranno

Imperfect indicative	*Present conditional*
alzavo	alzerei
alzavi	alzeresti
alzava	alzerebbe
alzavamo	alzeremmo
alzavate	alzereste
alzavano	alzerebbero

Present perfect	*Present subjunctive*
ho alzato	alzi
hai alzato	alzi
ha alzato	alzi
abbiamo alzato	alziamo
avete alzato	alziate
hanno alzato	alzino

Past perfect	*Imperfect subjunctive*
avevo alzato	alzassi
avevi alzato	alzassi
aveva alzato	alzasse
avevamo alzato	alzassimo
avevate alzato	alzaste
avevano alzato	alzassero

Imperative alza (non alzare), alzi, alziamo, alzate, alzino

alzarsi *to get up, rise*

Gerund alzandosi
Past participle alzatosi

Present indicative	*Future*
mi alzo	mi alzerò
ti alzi	ti alzerai
si alza	si alzerà
ci alziamo	ci alzeremo
vi alzate	vi alzerete
si alzano	si alzeranno

Imperfect indicative	*Present conditional*
mi alzavo	mi alzerei
ti alzavi	ti alzeresti
si alzava	si alzerebbe
ci alzavamo	ci alzeremmo
vi alzavate	vi alzereste
si alzavano	si alzerebbero

Present perfect	*Present subjunctive*
mi sono alzato	mi alzi
ti sei alzato	ti alzi
si è alzato	si alzi
ci siamo alzati	ci alziamo
vi siete alzati	vi alziate
si sono alzati	si alzino

Past perfect	*Imperfect subjunctive*
mi ero alzato	mi alzassi
ti eri alzato	ti alzassi
si era alzato	si alzasse
ci eravamo alzati	ci alzassimo
vi eravate alzati	vi alzaste
si erano alzati	si alzassero

Imperative alzati (non alzarti), si alzi, alziamoci, alzatevi, si alzino

amare *to love*

Gerund amando
Past participle amato

Present indicative	*Future*
amo	amerò
ami	amerai
ama	amerà
amiamo	ameremo
amate	amerete
amano	ameranno

Imperfect indicative	*Present conditional*
amavo	amerei
amavi	ameresti
amava	amerebbe
amavamo	ameremmo
amavate	amereste
amavano	amerebbero

Present perfect	*Present subjunctive*
ho amato	ami
hai amato	ami
ha amato	ami
abbiamo amato	amiamo
avete amato	amiate
hanno amato	amino

Past perfect	*Imperfect subjunctive*
avevo amato	amassi
avevi amato	amassi
aveva amato	amasse
avevamo amato	amassimo
avevate amato	amaste
avevano amato	amassero

Imperative ama (non amare), ami, amiamo, amate, amino

andare *to go*

Gerund andando
Past participle andato

Present indicative	*Future*
vado	andrò
vai	andrai
va	andrà
andiamo	andremo
andate	andrete
vanno	andranno

Imperfect indicative	*Present conditional*
andavo	andrei
andavi	andresti
andava	andrebbe
andavamo	andremmo
andavate	andreste
andavano	andrebbero

Present perfect	*Present subjunctive*
sono andato	vada
sei andato	vada
è andato	vada
siamo andati	andiamo
siete andati	andiate
sono andati	vadano

Past perfect	*Imperfect subjunctive*
ero andato	andassi
eri andato	andassi
era andato	andasse
eravamo andati	andassimo
eravate andati	andaste
erano andati	andassero

Imperative va' (non andare), vada, andiamo, andate, vadano

16

annoiarsi *to be bored*

Gerund annoiandosi
Past participle annoiatosi

Present indicative	*Future*
mi annoio	mi annoierò
ti annoi	ti annoierai
si annoia	si annoierà
ci annoiamo	ci annoieremo
vi annoiate	vi annoierete
si annoiano	si annoieranno
Imperfect indicative	*Present conditional*
mi annoiavo	mi annoierei
ti annoiavi	ti annoieresti
si annoiava	si annoierebbe
ci annoiavamo	ci annoieremmo
vi annoiavate	vi annoiereste
si annoiavano	si annoierebbero
Present perfect	*Present subjunctive*
mi sono annoiato	mi annoi
ti sei annoiato	ti annoi
si è annoiato	si annoi
ci siamo annoiati	ci annoiamo
vi siete annoiati	vi annoiate
si sono annoiati	si annoino
Past perfect	*Imperfect subjunctive*
mi ero annoiato	mi annoiassi
ti eri annoiato	ti annoiassi
si era annoiato	si annoiasse
ci eravamo annoiati	ci annoiassimo
vi eravate annoiati	vi annoiaste
si erano annoiati	si annoiassero

Imperative annoiati (non annoiarti), si annoi, annoiamoci, annoiatevi, si annoino

aprire *to open*

Gerund aprendo
Past participle aperto

Present indicative	*Future*
apro	aprirò
apri	aprirai
apre	aprirà
apriamo	apriremo
aprite	aprirete
aprono	apriranno

Imperfect indicative	*Present conditional*
aprivo	aprirei
aprivi	apriresti
apriva	aprirebbe
aprivamo	apriremmo
aprivate	aprireste
aprivano	aprirebbero

Present perfect	*Present subjunctive*
ho aperto	apra
hai aperto	apra
ha aperto	apra
abbiamo aperto	apriamo
avete aperto	apriate
hanno aperto	aprano

Past perfect	*Imperfect subjunctive*
avevo aperto	aprissi
avevi aperto	aprissi
aveva aperto	aprisse
avevamo aperto	aprissimo
avevate aperto	apriste
avevano aperto	aprissero

Imperative apri (non aprire), apra, apriamo, aprite, aprano

18

arrabbiarsi *to get angry*

Gerund arrabbiandosi
Past participle arrabbiatosi

Present indicative	*Future*
mi arrabbio	mi arrabbierò
ti arrabbi	ti arrabbierai
si arrabbia	si arrabbierà
ci arrabbiamo	ci arrabbieremo
vi arrabbiate	vi arrabbierete
si arrabbiano	si arrabbieranno

Imperfect indicative	*Present conditional*
mi arrabbiavo	mi arrabbierei
ti arrabbiavi	ti arrabbieresti
si arrabbiava	si arrabbierebbe
ci arrabbiavamo	ci arrabbieremmo
vi arrabbiavate	vi arrabbiereste
si arrabbiavano	si arrabbierebbero

Present perfect	*Present subjunctive*
mi sono arrabbiato	mi arrabbi
ti sei arrabbiato	ti arrabbi
si è arrabbiato	si arrabbi
ci siamo arrabbiati	ci arrabbiamo
vi siete arrabbiati	vi arrabbiate
si sono arrabbiati	si arrabbino

Past perfect	*Imperfect subjunctive*
mi ero arrabbiato	mi arrabbiassi
ti eri arrabbiato	ti arrabbiassi
si era arrabbiato	si arrabbiasse
ci eravamo arrabbiati	ci arrabbiassimo
vi eravate arrabbiati	vi arrabbiaste
si erano arrabbiati	si arrabbiassero

Imperative arrabbiati (non arrabbiarti), si arrabbi,
arrabbiamoci, arrabbiatevi, si arrabbino

asciugare *to dry*

Gerund asciugando
Past participle asciutto

Present indicative	*Future*
asciugo	asciugherò
asciughi	asciugherai
asciuga	asciugherà
asciughiamo	asciugheremo
asciugate	asciugherete
asciugano	asciugheranno

Imperfect indicative	*Present conditional*
asciugavo	asciugherei
asciugavi	asciugheresti
asciugava	asciugherebbe
asciugavamo	asciugheremmo
asciugavate	asciughereste
asciugavano	asciugherebbero

Present perfect	*Present subjunctive*
ho asciutto	asciughi
hai asciutto	asciughi
ha asciutto	asciughi
abbiamo asciutto	asciughiamo
avete asciutto	asciughiate
hanno asciutto	asciughino

Past perfect	*Imperfect subjunctive*
avevo asciutto	asciugassi
avevi asciutto	asciugassi
aveva asciutto	asciugasse
avevamo asciutto	asciugassimo
avevate asciutto	asciugaste
avevano asciutto	asciugassero

Imperative asciuga (non asciugare), asciughi, asciughiamo, asciugate, asciughino

ascoltare *to listen*

Gerund ascoltando
Past participle ascoltato

Present indicative	*Future*
ascolto	ascolterò
ascolti	ascolterai
ascolta	ascolterà
ascoltiamo	ascolteremo
ascoltate	ascolterete
ascoltano	ascolteranno

Imperfect indicative	*Present conditional*
ascoltavo	ascolterei
ascoltavi	ascolteresti
ascoltava	ascolterebbe
ascoltavamo	ascolteremmo
ascoltavate	ascoltereste
ascoltavano	ascolterebbero

Present perfect	*Present subjunctive*
ho ascoltato	ascolti
hai ascoltato	ascolti
ha ascoltato	ascolti
abbiamo ascoltato	ascoltiamo
avete ascoltato	ascoltiate
hanno ascoltato	ascoltino

Past perfect	*Imperfect subjunctive*
avevo ascoltato	ascoltassi
avevi ascoltato	ascoltassi
aveva ascoltato	ascoltasse
avevamo ascoltato	ascoltassimo
avevate ascoltato	ascoltaste
avevano ascoltato	ascoltassero

Imperative ascolta (non ascoltare), ascolti, ascoltiamo, ascoltate, ascoltino

aspettare *to wait (for)*

Gerund aspettando
Past participle aspettato

Present indicative	*Future*
aspetto	aspetterò
aspetti	aspetterai
aspetta	aspetterà
aspettiamo	aspetteremo
aspettate	aspetterete
aspettano	aspetteranno

Imperfect indicative	*Present conditional*
aspettavo	aspetterei
aspettavi	aspetteresti
aspettava	aspetterebbe
aspettavamo	aspetteremmo
aspettavate	aspettereste
aspettavano	aspetterebbero

Present perfect	*Present subjunctive*
ho aspettato	aspetti
hai aspettato	aspetti
ha aspettato	aspetti
abbiamo aspettato	aspettiamo
avete aspettato	aspettiate
hanno aspettato	aspettino

Past perfect	*Imperfect subjunctive*
avevo aspettato	aspettassi
avevi aspettato	aspettassi
aveva aspettato	aspettasse
avevamo aspettato	aspettassimo
avevate aspettato	aspettaste
avevano aspettato	aspettassero

Imperative aspetta (non aspettare), aspetti, aspettiamo, aspettate, aspettino

assaggiare *to taste*

Gerund assaggiando
Past participle assaggiato

Present indicative	*Future*
assaggio	assaggerò
assaggi	assaggerai
assaggia	assaggerà
assaggiamo	assaggeremo
assaggiate	assaggerete
assaggiano	assaggeranno

Imperfect indicative	*Present conditional*
assaggiavo	assaggerei
assaggiavi	assaggeresti
assaggiava	assaggerebbe
assaggiavamo	assaggeremmo
assaggiavate	assaggereste
assaggiavano	assaggerebbero

Present perfect	*Present subjunctive*
ho assaggiato	assaggi
hai assaggiato	assaggi
ha assaggiato	assaggi
abbiamo assaggiato	assaggiamo
avete assaggiato	assaggiate
hanno assaggiato	assaggino

Past perfect	*Imperfect subjunctive*
avevo assaggiato	assaggiassi
avevi assaggiato	assaggiassi
aveva assaggiato	assaggiasse
avevamo assaggiato	assaggiassimo
avevate assaggiato	assaggiaste
avevano assaggiato	assaggiassero

Imperative assaggia (non assaggiare), assaggi, assaggiamo, assaggiate, assaggino

avere *to have; to get*

Gerund avendo
Past participle avuto

Present indicative	*Future*
ho	avrò
hai	avrai
ha	avrà
abbiamo	avremo
avete	avrete
hanno	avranno

Imperfect indicative	*Present conditional*
avevo	avrei
avevi	avresti
aveva	avrebbe
avevamo	avremmo
avevate	avreste
avevano	avrebbero

Present perfect	*Present subjunctive*
ho avuto	abbia
hai avuto	abbia
ha avuto	abbia
abbiamo avuto	abbiamo
avete avuto	abbiate
hanno avuto	abbiano

Past perfect	*Imperfect subjunctive*
avevo avuto	avessi
avevi avuto	avessi
aveva avuto	avesse
avevamo avuto	avessimo
avevate avuto	aveste
avevano avuto	avessero

Imperative abbi (non avere), abbia, abbiamo, abbiate, abbiano

avvertire *to warn*

Gerund avvertendo
Past participle avvertito

Present indicative	*Future*
avverto	avvertirò
avverti	avvertirai
avverte	avvertirà
avvertiamo	avvertiremo
avvertite	avvertirete
avvertono	avvertiranno

Imperfect indicative	*Present conditional*
avvertivo	avvertirei
avvertivi	avvertiresti
avvertiva	avvertirebbe
avvertivamo	avvertiremmo
avvertivate	avvertireste
avvertivano	avvertirebbero

Present perfect	*Present subjunctive*
ho avvertito	avverta
hai avvertito	avverta
ha avvertito	avverta
abbiamo avvertito	avvertiamo
avete avvertito	avvertiate
hanno avvertito	avvertano

Past perfect	*Imperfect subjunctive*
avevo avvertito	avvertissi
avevi avvertito	avvertissi
aveva avvertito	avvertisse
avevamo avvertito	avvertissimo
avevate avvertito	avvertiste
avevano avvertito	avvertissero

Imperative avverti (non avvertire), avverta, avvertiamo, avvertite, avvertano

baciare *to kiss*

Gerund baciando
Past participle baciato

Present indicative	*Future*
bacio	bacerò
baci	bacerai
bacia	bacerà
baciamo	baceremo
baciate	bacerete
baciano	baceranno

Imperfect indicative	*Present conditional*
baciavo	bacerei
baciavi	baceresti
baciava	bacerebbe
baciavamo	baceremmo
baciavate	bacereste
baciavano	bacerebbero

Present perfect	*Present subjunctive*
ho baciato	baci
hai baciato	baci
ha baciato	baci
abbiamo baciato	baciamo
avete baciato	baciate
hanno baciato	bacino

Past perfect	*Imperfect subjunctive*
avevo baciato	baciassi
avevi baciato	baciassi
aveva baciato	baciasse
avevamo baciato	baciassimo
avevate baciato	baciaste
avevano baciato	baciassero

Imperative bacia (non baciare), baci, baciamo, baciate, bacino

bere *to drink*

Gerund bevendo
Past participle bevuto

Present indicative	*Future*
bevo	berrò
bevi	berrai
beve	berrà
beviamo	berremo
bevete	berrete
bevono	berranno

Imperfect indicative	*Present conditional*
bevevo	berrei
bevevi	berresti
beveva	berrebbe
bevevamo	berremmo
bevevate	berreste
bevevano	berrebbero

Present perfect	*Present subjunctive*
ho bevuto	beva
hai bevuto	beva
ha bevuto	beva
abbiamo bevuto	beviamo
avete bevuto	beviate
hanno bevuto	bevano

Past perfect	*Imperfect subjunctive*
avevo bevuto	bevessi
avevi bevuto	bevessi
aveva bevuto	bevesse
avevamo bevuto	bevessimo
avevate bevuto	beveste
avevano bevuto	bevessero

Imperative bevi (non bere), beva, beviamo, bevete, bevano

cadere *to fall*

Gerund cadendo
Past participle caduto

Present indicative	*Future*
cado	cadrò
cadi	cadrai
cade	cadrà
cadiamo	cadremo
cadete	cadrete
cadono	cadranno

Imperfect indicative	*Present conditional*
cadevo	cadrei
cadevi	cadresti
cadeva	cadrebbe
cadevamo	cadremmo
cadevate	cadreste
cadevano	cadrebbero

Present perfect	*Present subjunctive*
sono caduto	cada
sei caduto	cada
è caduto	cada
siamo caduti	cadiamo
siete caduti	cadiate
sono caduti	cadano

Past perfect	*Imperfect subjunctive*
ero caduto	cadessi
eri caduto	cadessi
era caduto	cadesse
eravamo caduti	cadessimo
eravate caduti	cadeste
erano caduti	cadessero

Imperative cadi (non cadere), cada, cadiamo, cadete, cadano

cambiare *to change*

Gerund cambiando
Past participle cambiato

Present indicative	*Future*
cambio	cambierò
cambi	cambierai
cambia	cambierà
cambiamo	cambieremo
cambiate	cambierete
cambiano	cambieranno

Imperfect indicative	*Present conditional*
cambiavo	cambierei
cambiavi	cambieresti
cambiava	cambierebbe
cambiavamo	cambieremmo
cambiavate	cambiereste
cambiavano	cambierebbero

Present perfect	*Present subjunctive*
ho cambiato	cambi
hai cambiato	cambi
ha cambiato	cambi
abbiamo cambiato	cambiamo
avete cambiato	cambiate
hanno cambiato	cambino

Past perfect	*Imperfect subjunctive*
avevo cambiato	cambiassi
avevi cambiato	cambiassi
aveva cambiato	cambiasse
avevamo cambiato	cambiassimo
avevate cambiato	cambiaste
avevano cambiato	cambiassero

Imperative cambia (non cambiare), cambi, cambiamo, cambiate, cambino

capire *to understand*

Gerund capendo
Past participle capito

Present indicative	*Future*
capisco	capirò
capisci	capirai
capisce	capirà
capiamo	capiremo
capite	capirete
capiscono	capiranno

Imperfect indicative	*Present conditional*
capivo	capirei
capivi	capiresti
capiva	capirebbe
capivamo	capiremmo
capivate	capireste
capivano	capirebbero

Present perfect	*Present subjunctive*
ho capito	capisca
hai capito	capisca
ha capito	capisca
abbiamo capito	capiamo
avete capito	capiate
hanno capito	capiscano

Past perfect	*Imperfect subjunctive*
avevo capito	capissi
avevi capito	capissi
aveva capito	capisse
avevamo capito	capissimo
avevate capito	capiste
avevano capito	capissero

Imperative capisci (non capire), capisca, capiamo, capite
capiscano

cercare *to look for, seek*

Gerund cercando
Past participle cercato

Present indicative	*Future*
cerco	cercherò
cerchi	cercherai
cerca	cercherà
cerchiamo	cercheremo
cercate	cercherete
cercano	cercheranno

Imperfect indicative	*Present conditional*
cercavo	cercherei
cercavi	cercheresti
cercava	cercherebbe
cercavamo	cercheremmo
cercavate	cerchereste
cercavano	cercherebbero

Present perfect	*Present subjunctive*
ho cercato	cerchi
hai cercato	cerchi
ha cercato	cerchi
abbiamo cercato	cerchiamo
avete cercato	cerchiate
hanno cercato	cerchino

Past perfect	*Imperfect subjunctive*
avevo cercato	cercassi
avevi cercato	cercassi
aveva cercato	cercasse
avevamo cercato	cercassimo
avevate cercato	cercaste
avevano cercato	cercassero

Imperative cerca (non cercare), cerchi, cerchiamo, cercate
cerchino

chiamare *to call*

Gerund chiamando
Past participle chiamato

Present indicative	*Future*
chiamo	chiamerò
chiami	chiamerai
chiama	chiamerà
chiamiamo	chiameremo
chiamate	chiamerete
chiamano	chiameranno

Imperfect indicative	*Present conditional*
chiamavo	chiamerei
chiamavi	chiameresti
chiamava	chiamerebbe
chiamavamo	chiameremmo
chiamavate	chiamereste
chiamavano	chiamerebbero

Present perfect	*Present subjunctive*
ho chiamato	chiami
hai chiamato	chiami
ha chiamato	chiami
abbiamo chiamato	chiamiamo
avete chiamato	chiamiate
hanno chiamato	chiamino

Past perfect	*Imperfect subjunctive*
avevo chiamato	chiamassi
avevi chiamato	chiamassi
aveva chiamato	chiamasse
avevamo chiamato	chiamassimo
avevate chiamato	chiamaste
avevano chiamato	chiamassero

Imperative chiama (non chiamare), chiami, chiamiamo, chiamate, chiamino

chiedere *to ask*

Gerund chiedendo
Past participle chiesto

Present indicative	*Future*
chiedo	chiederò
chiedi	chiederai
chiede	chiederà
chiediamo	chiederemo
chiedete	chiederete
chiedono	chiederanno

Imperfect indicative	*Present conditional*
chiedevo	chiederei
chiedevi	chiederesti
chiedeva	chiederebbe
chiedevamo	chiederemmo
chiedevate	chiedereste
chiedevano	chiederebbero

Present perfect	*Present subjunctive*
ho chiesto	chieda
hai chiesto	chieda
ha chiesto	chieda
abbiamo chiesto	chiediamo
avete chiesto	chiediate
hanno chiesto	chiedano

Past perfect	*Imperfect subjunctive*
avevo chiesto	chiedessi
avevi chiesto	chiedessi
aveva chiesto	chiedesse
avevamo chiesto	chiedessimo
avevate chiesto	chiedeste
avevano chiesto	chiedessero

Imperative chiedi (non chiedere), chieda, chiediamo,
chiedete, chiedano

chiudere *to close, shut*

Gerund chiudendo
Past participle chiuso

Present indicative	*Future*
chiudo	chiuderò
chiudi	chiuderai
chiude	chiuderà
chiudiamo	chiuderemo
chiudete	chiuderete
chiudono	chiuderanno

Imperfect indicative	*Present conditional*
chiudevo	chiuderei
chiudevi	chiuderesti
chiudeva	chiuderebbe
chiudevamo	chiuderemmo
chiudevate	chiudereste
chiudevano	chiuderebbero

Present perfect	*Present subjunctive*
ho chiuso	chiuda
hai chiuso	chiuda
ha chiuso	chiuda
abbiamo chiuso	chiudiamo
avete chiuso	chiudiate
hanno chiuso	chiudano

Past perfect	*Imperfect subjunctive*
avevo chiuso	chiudessi
avevi chiuso	chiudessi
aveva chiuso	chiudesse
avevamo chiuso	chiudessimo
avevate chiuso	chiudeste
avevano chiuso	chiudessero

Imperative chiudi (non chiudere), chiuda, chiudiamo, chiudete, chiudano

cogliere *to gather, pick, catch*

Gerund cogliendo
Past participle colto

Present indicative	*Future*
colgo	coglierò
cogli	coglierai
coglie	coglierà
cogliamo	coglieremo
cogliete	coglierete
colgono	coglieranno

Imperfect indicative	*Present conditional*
coglievo	coglierei
coglievi	coglieresti
coglieva	coglierebbe
coglievamo	coglieremmo
coglievate	cogliereste
coglievano	coglierebbero

Present perfect	*Present subjunctive*
ho colto	colga
hai colto	colga
ha colto	colga
abbiamo colto	cogliamo
avete colto	cogliate
hanno colto	colgano

Past perfect	*Imperfect subjunctive*
avevo colto	cogliessi
avevi colto	cogliessi
aveva colto	cogliesse
avevamo colto	cogliessimo
avevate colto	coglieste
avevano colto	cogliessero

Imperative cogli (non cogliere), colga, cogliamo, cogliete
colgano

colpire *to hit, strike*

Gerund colpendo
Past participle colpito

Present indicative	*Future*
colpisco	colpirò
colpisci	colpirai
colpisce	colpirà
colpiamo	colpiremo
colpite	colpirete
colpiscono	colpiranno

Imperfect indicative	*Present conditional*
colpivo	colpirei
colpivi	colpiresti
colpiva	colpirebbe
colpivamo	colpiremmo
colpivate	colpireste
colpivano	colpirebbero

Present perfect	*Present subjunctive*
ho colpito	colpisca
hai colpito	colpisca
ha colpito	colpisca
abbiamo colpito	colpiamo
avete colpito	colpiate
hanno colpito	colpiscano

Past perfect	*Imperfect subjunctive*
avevo colpito	colpissi
avevi colpito	colpissi
aveva colpito	colpisse
avevamo colpito	colpissimo
avevate colpito	colpiste
avevano colpito	colpissero

Imperative colpisci (non colpire), colpisca, colpiamo, colpite, colpiscano

cominciare *to start, begin*

Gerund cominciando
Past participle cominciato

Present indicative	*Future*
comincio	comincerò
cominci	comincerai
comincia	comincerà
cominciamo	cominceremo
cominciate	comincerete
cominciano	cominceranno

Imperfect indicative	*Present conditional*
cominciavo	comincerei
cominciavi	cominceresti
cominciava	comincerebbe
cominciavamo	cominceremmo
cominciavate	comincereste
cominciavano	comincerebbero

Present perfect	*Present subjunctive*
ho cominciato	cominci
hai cominciato	cominci
ha cominciato	cominci
abbiamo cominciato	cominciamo
avete cominciato	cominciate
hanno cominciato	comincino

Past perfect	*Imperfect subjunctive*
avevo cominciato	cominciassi
avevi cominciato	cominciassi
aveva cominciato	cominciasse
avevamo cominciato	cominciassimo
avevate cominciato	cominciaste
avevano cominciato	cominciassero

Imperative comincia (non cominciare), cominci, cominciamo,
cominciate, comincino

comprare *to buy*

Gerund comprando
Past participle comprato

Present indicative	*Future*
compro	comprerò
compri	comprerai
compra	comprerà
compriamo	compreremo
comprate	comprerete
comprano	compreranno

Imperfect indicative	*Present conditional*
compravo	comprerei
compravi	compreresti
comprava	comprerebbe
compravamo	compreremmo
compravate	comprereste
compravano	comprerebbero

Present perfect	*Present subjunctive*
ho comprato	compri
hai comprato	compri
ha comprato	compri
abbiamo comprato	compriamo
avete comprato	compriate
hanno comprato	comprino

Past perfect	*Imperfect subjunctive*
avevo comprato	comprassi
avevi comprato	comprassi
aveva comprato	comprasse
avevamo comprato	comprassimo
avevate comprato	compraste
avevano comprato	comprassero

Imperative compra (non comprare), compri, compriamo
comprate, comprino

concedere *to grant, award, concede*

Gerund concedendo
Past participle concesso

Present indicative	*Future*
concedo	concederò
concedi	concederai
concede	concederà
concediamo	concederemo
concedete	concederete
concedono	concederanno

Imperfect indicative	*Present conditional*
concedevo	concederei
concedevi	concederesti
concedeva	concederebbe
concedevamo	concederemmo
concedevate	concedereste
concedevano	concederebbero

Present perfect	*Present subjunctive*
ho concesso	conceda
hai concesso	conceda
ha concesso	conceda
abbiamo concesso	concediamo
avete concesso	concediate
hanno concesso	concedano

Past perfect	*Imperfect subjunctive*
avevo concesso	concedessi
avevi concesso	concedessi
aveva concesso	concedesse
avevamo concesso	concedessimo
avevate concesso	concedeste
avevano concesso	concedessero

Imperative concedi (non concedere), conceda, concediamo, concedete, concedano

concludere *to conclude*

Gerund concludendo
Past participle concluso

Present indicative	*Future*
concludo	concluderò
concludi	concluderai
conclude	concluderà
concludiamo	concluderemo
concludete	concluderete
concludono	concluderanno

Imperfect indicative	*Present conditional*
concludevo	concluderei
concludevi	concluderesti
concludeva	concluderebbe
concludevamo	concluderemmo
concludevate	concludereste
concludevano	concluderebbero

Present perfect	*Present subjunctive*
ho concluso	concluda
hai concluso	concluda
ha concluso	concluda
abbiamo concluso	concludiamo
avete concluso	concludiate
hanno concluso	concludano

Past perfect	*Imperfect subjunctive*
avevo concluso	concludessi
avevi concluso	concludessi
aveva concluso	concludesse
avevamo concluso	concludessimo
avevate concluso	concludeste
avevano concluso	concludessero

Imperative concludi (non concludere), concluda, concludiamo, concludete, concludano

confondere *to confuse*

Gerund confondendo
Past participle confuso

Present indicative	*Future*
confondo	confonderò
confondi	confonderai
confonde	confonderà
confondiamo	confonderemo
confondete	confonderete
confondono	confonderanno

Imperfect indicative	*Present conditional*
confondevo	confonderei
confondevi	confonderesti
confondeva	confonderebbe
confondevamo	confonderemmo
confondevate	confondereste
confondevano	confonderebbero

Present perfect	*Present subjunctive*
ho confuso	confonda
hai confuso	confonda
ha confuso	confonda
abbiamo confuso	confondiamo
avete confuso	confondiate
hanno confuso	confondano

Past perfect	*Imperfect subjunctive*
avevo confuso	confondessi
avevi confuso	confondessi
aveva confuso	confondesse
avevamo confuso	confondessimo
avevate confuso	confondeste
avevano confuso	confondessero

Imperative confondi (non confondere), confonda,
confondiamo, confondete, confondano

conoscere *to know; to meet*

Gerund conoscendo
Past participle conosciuto

Present indicative	*Future*
conosco	conoscerò
conosci	conoscerai
conosce	conoscerà
conosciamo	conosceremo
conoscete	conoscerete
conoscono	conosceranno

Imperfect indicative	*Present conditional*
conoscevo	conoscerei
conoscevi	conosceresti
conosceva	conoscerebbe
conoscevamo	conosceremmo
conoscevate	conoscereste
conoscevano	conoscerebbero

Present perfect	*Present subjunctive*
ho conosciuto	conosca
hai conosciuto	conosca
ha conosciuto	conosca
abbiamo conosciuto	conosciamo
avete conosciuto	conosciate
hanno conosciuto	conoscano

Past perfect	*Imperfect subjunctive*
avevo conosciuto	conoscessi
avevi conosciuto	conoscessi
aveva conosciuto	conoscesse
avevamo conosciuto	conoscessimo
avevate conosciuto	conosceste
avevano conosciuto	conoscessero

Imperative conosci (non conoscere), conosca, conosciamo, conoscete, conoscano

contenere *to contain*

Gerund contenendo
Past participle contenuto

Present indicative	*Future*
contengo	conterrò
contieni	conterrai
contiene	conterrà
conteniamo	conterremo
contenete	conterrete
contengono	conterranno

Imperfect indicative	*Present conditional*
contenevo	conterrei
contenevi	conterresti
conteneva	conterrebbe
contenevamo	conterremmo
contenevate	conterreste
contenevano	conterrebbero

Present perfect	*Present subjunctive*
ho contenuto	contenga
hai contenuto	contenga
ha contenuto	contenga
abbiamo contenuto	conteniamo
avete contenuto	conteniate
hanno contenuto	contengano

Past perfect	*Imperfect subjunctive*
avevo contenuto	contenessi
avevi contenuto	contenessi
aveva contenuto	contenesse
avevamo contenuto	contenessimo
avevate contenuto	conteneste
avevano contenuto	contenessero

Imperative contieni (non contenere), contenga, conteniamo,
contenete, contengano

coprire *to cover*

Gerund coprendo
Past participle coperto

Present indicative	*Future*
copro	coprirò
copri	coprirai
copre	coprirà
copriamo	copriremo
coprite	coprirete
coprono	copriranno

Imperfect indicative	*Present conditional*
coprivo	coprirei
coprivi	copriresti
copriva	coprirebbe
coprivamo	copriremmo
coprivate	coprireste
coprivano	coprirebbero

Present perfect	*Present subjunctive*
ho coperto	copra
hai coperto	copra
ha coperto	copra
abbiamo coperto	copriamo
avete coperto	copriate
hanno coperto	coprano

Past perfect	*Imperfect subjunctive*
avevo coperto	coprissi
avevi coperto	coprissi
aveva coperto	coprisse
avevamo coperto	coprissimo
avevate coperto	copriste
avevano coperto	coprissero

Imperative copri (non coprire), copra, copriamo, coprite, coprano

correre *to run*

Gerund correndo
Past participle corso

Present indicative	*Future*
corro	correrò
corri	correrai
corre	correrà
corriamo	correremo
correte	correrete
corrono	correranno

Imperfect indicative	*Present conditional*
correvo	correrei
correvi	correresti
correva	correrebbe
correvamo	correremmo
correvate	correreste
correvano	correrebbero

Present perfect	*Present subjunctive*
ho corso	corra
hai corso	corra
ha corso	corra
abbiamo corso	corriamo
avete corso	corriate
hanno corso	corrano

Past perfect	*Imperfect subjunctive*
avevo corso	corressi
avevi corso	corressi
aveva corso	corresse
avevamo corso	corressimo
avevate corso	correste
avevano corso	corressero

Imperative corri (non correre), corra, corriamo, correte, corrano

credere *to believe*

Gerund credendo
Past participle creduto

Present indicative	*Future*
credo	crederò
credi	crederai
crede	crederà
crediamo	crederemo
credete	crederete
credono	crederanno

Imperfect indicative	*Present conditional*
credevo	crederei
credevi	crederesti
credeva	crederebbe
credevamo	crederemmo
credevate	credereste
credevano	crederebbero

Present perfect	*Present subjunctive*
ho creduto	creda
hai creduto	creda
ha creduto	creda
abbiamo creduto	crediamo
avete creduto	crediate
hanno creduto	credano

Past perfect	*Imperfect subjunctive*
avevo creduto	credessi
avevi creduto	credessi
aveva creduto	credesse
avevamo creduto	credessimo
avevate creduto	credeste
avevano creduto	credessero

Imperative credi (non credere), creda, crediamo, credete, credano

crescere *to grow, increase*

Gerund crescendo
Past participle cresciuto

Present indicative	*Future*
cresco	crescerò
cresci	crescerai
cresce	crescerà
cresciamo	cresceremo
crescete	crescerete
crescono	cresceranno

Imperfect indicative	*Present conditional*
crescevo	crescerei
crescevi	cresceresti
cresceva	crescerebbe
crescevamo	cresceremmo
crescevate	crescereste
crescevano	crescerebbero

Present perfect	*Present subjunctive*
sono cresciuto	cresca
sei cresciuto	cresca
è cresciuto	cresca
siamo cresciuti	cresciamo
siete cresciuti	cresciate
sono cresciuti	crescano

Past perfect	*Imperfect subjunctive*
ero cresciuto	crescessi
eri cresciuto	crescessi
era cresciuto	crescesse
eravamo cresciuti	crescessimo
eravate cresciuti	cresceste
erano cresciuti	crescessero

Imperative cresci (non crescere), cresca, cresciamo, crescete, crescano

cucinare *to cook*

Gerund cucinando
Past participle cucinato

Present indicative	*Future*
cucino	cucinerò
cucini	cucinerai
cucina	cucinerà
cuciniamo	cucineremo
cucinate	cucinerete
cucinano	cucineranno

Imperfect indicative	*Present conditional*
cucinavo	cucinerei
cucinavi	cucineresti
cucinava	cucinerebbe
cucinavamo	cucineremmo
cucinavate	cucinereste
cucinavano	cucinerebbero

Present perfect	*Present subjunctive*
ho cucinato	cucini
hai cucinato	cucini
ha cucinato	cucini
abbiamo cucinato	cuciniamo
avete cucinato	cuciniate
hanno cucinato	cucinino

Past perfect	*Imperfect subjunctive*
avevo cucinato	cucinassi
avevi cucinato	cucinassi
aveva cucinato	cucinasse
avevamo cucinato	cucinassimo
avevate cucinato	cucinaste
avevano cucinato	cucinassero

Imperative cucina (non cucinare), cucini, cuciniamo, cucinate, cucinino

dare *to give*

Gerund dando
Past participle dato

Present indicative	Future
do	darò
dai	darai
da	darà
diamo	daremo
date	darete
danno	daranno

Imperfect indicative	Present conditional
davo	darei
davi	daresti
dava	darebbe
davamo	daremmo
davate	dareste
davano	darebbero

Present perfect	Present subjunctive
ho dato	dia
hai dato	dia
ha dato	dia
abbiamo dato	diamo
avete dato	diate
hanno dato	diano

Past perfect	Imperfect subjunctive
avevo dato	dessi
avevi dato	dessi
aveva dato	desse
avevamo dato	dessimo
avevate dato	deste
avevano dato	dessero

Imperative da'(dai) (non dare), dia, diamo, date, diano

descrivere *to describe*

Gerund descrivendo
Past participle descritto

Present indicative	*Future*
descrivo	descriverò
descrivi	descriverai
descrive	descriverà
descriviamo	descriveremo
descrivete	descriverete
descrivono	descriveranno

Imperfect indicative	*Present conditional*
descrivevo	descriverei
descrivevi	descriveresti
descriveva	descriverebbe
descrivevamo	descriveremmo
descrivevate	descrivereste
descrivevano	descriverebbero

Present perfect	*Present subjunctive*
ho descritto	descriva
hai descritto	descriva
ha descritto	descriva
abbiamo descritto	descriviamo
avete descritto	descriviate
hanno descritto	descrivano

Past perfect	*Imperfect subjunctive*
avevo descritto	descrivessi
avevi descritto	descrivessi
aveva descritto	descrivesse
avevamo descritto	descrivessimo
avevate descritto	descriveste
avevano descritto	descrivessero

Imperative descrivi (non descrivere), descriva, descriviamo, descrivete, descrivano

difendere *to defend*

Gerund difendendo
Past participle difeso

Present indicative	*Future*
difendo	difenderò
difendi	difenderai
difende	difenderà
difendiamo	difenderemo
difendete	difenderete
difendono	difenderanno

Imperfect indicative	*Present conditional*
difendevo	difenderei
difendevi	difenderesti
difendeva	difenderebbe
difendevamo	difenderemmo
difendevate	difendereste
difendevano	difenderebbero

Present perfect	*Present subjunctive*
ho difeso	difenda
hai difeso	difenda
ha difeso	difenda
abbiamo difeso	difendiamo
avete difeso	difendiate
hanno difeso	difendano

Past perfect	*Imperfect subjunctive*
avevo difeso	difendessi
avevi difeso	difendessi
aveva difeso	difendesse
avevamo difeso	difendessimo
avevate difeso	difendeste
avevano difeso	difendessero

Imperative difendi (non difendere), difenda, difendiamo, difendete, difendano

dimenticare *to forget*

Gerund dimenticando
Past participle dimenticato

Present indicative	*Future*
dimentico	dimenticherò
dimentichi	dimenticherai
dimentica	dimenticherà
dimentichiamo	dimenticheremo
dimenticate	dimenticherete
dimenticano	dimenticheranno

Imperfect indicative	*Present conditional*
dimenticavo	dimenticherei
dimenticavi	dimenticheresti
dimenticava	dimenticherebbe
dimenticavamo	dimenticheremmo
dimenticavate	dimentichereste
dimenticavano	dimenticherebbero

Present perfect	*Present subjunctive*
ho dimenticato	dimentichi
hai dimenticato	dimentichi
ha dimenticato	dimentichi
abbiamo dimenticato	dimentichiamo
avete dimenticato	dimentichiate
hanno dimenticato	dimentichino

Past perfect	*Imperfect subjunctive*
avevo dimenticato	dimenticassi
avevi dimenticato	dimenticassi
aveva dimenticato	dimenticasse
avevamo dimenticato	dimenticassimo
avevate dimenticato	dimenticaste
avevano dimenticato	dimenticassero

Imperative dimentica (non dimenticare), dimentichi,
dimentichiamo, dimenticate, dimentichino

dipendere *to depend*

Gerund dipendendo
Past participle dipeso

Present indicative	*Future*
dipendo	dipenderò
dipendi	dipenderai
dipende	dipenderà
dipendiamo	dipenderemo
dipendete	dipenderete
dipendono	dipenderanno

Imperfect indicative	*Present conditional*
dipendevo	dipenderei
dipendevi	dipenderesti
dipendeva	dipenderebbe
dipendevamo	dipenderemmo
dipendevate	dipendereste
dipendevano	dipenderebbero

Present perfect	*Present subjunctive*
sono dipeso	dipenda
sei dipeso	dipenda
è dipeso	dipenda
siamo dipesi	dipendiamo
siete dipesi	dipendiate
sono dipesi	dipendano

Past perfect	*Imperfect subjunctive*
ero dipeso	dipendessi
eri dipeso	dipendessi
era dipeso	dipendesse
eravamo dipesi	dipendessimo
eravate dipesi	dipendeste
erano dipesi	dipendessero

Imperative dipendi (non dipendere), dipenda, dipendiamo, dipendete, dipendano

dire *to say, tell*

Gerund dicendo
Past participle detto

Present indicative	*Future*
dico	dirò
dici	dirai
dice	dirà
diciamo	diremo
dite	direte
dicono	diranno

Imperfect indicative	*Present conditional*
dicevo	direi
dicevi	diresti
diceva	direbbe
dicevamo	diremmo
dicevate	direste
dicevano	direbbero

Present perfect	*Present subjunctive*
ho detto	dica
hai detto	dica
ha detto	dica
abbiamo detto	diciamo
avete detto	diciate
hanno detto	dicano

Past perfect	*Imperfect subjunctive*
avevo detto	dicessi
avevi detto	dicessi
aveva detto	dicesse
avevamo detto	dicessimo
avevate detto	diceste
avevano detto	dicessero

Imperative di' (non dire), dica, diciamo, dite, dicano

dirigere *to lead, direct*

Gerund dirigendo
Past participle diretto

Present indicative	*Future*
dirigo	dirigerò
dirigi	dirigerai
dirige	dirigerà
dirigiamo	dirigeremo
dirigete	dirigerete
dirigono	dirigeranno

Imperfect indicative	*Present conditional*
dirigevo	dirigerei
dirigevi	dirigeresti
dirigeva	dirigerebbe
dirigevamo	dirigeremmo
dirigevate	dirigereste
dirigevano	dirigerebbero

Present perfect	*Present subjunctive*
ho diretto	diriga
hai diretto	diriga
ha diretto	diriga
abbiamo diretto	dirigiamo
avete diretto	dirigiate
hanno diretto	dirigano

Past perfect	*Imperfect subjunctive*
avevo diretto	dirigessi
avevi diretto	dirigessi
aveva diretto	dirigesse
avevamo diretto	dirigessimo
avevate diretto	dirigeste
avevano diretto	dirigessero

Imperative dirigi (non dirigere), diriga, dirigiamo, dirigete, dirigano

discutere *to discuss*
Gerund discutendo
Past participle discusso

Present indicative	*Future*
discuto	discuterò
discuti	discuterai
discute	discuterà
discutiamo	discuteremo
discutete	discuterete
discutono	discuteranno

Imperfect indicative	*Present conditional*
discutevo	discuterei
discutevi	discuteresti
discuteva	discuterebbe
discutevamo	discuteremmo
discutevate	discutereste
discutevano	discuterebbero

Present perfect	*Present subjunctive*
ho discusso	discuta
hai discusso	discuta
ha discusso	discuta
abbiamo discusso	discutiamo
avete discusso	discutiate
hanno discusso	discutano

Past perfect	*Imperfect subjunctive*
avevo discusso	discutessi
avevi discusso	discutessi
aveva discusso	discutesse
avevamo discusso	discutessimo
avevate discusso	discuteste
avevano discusso	discutessero

Imperative discuti (non discutere), discuta, discutiamo, discutete, discutano

diventare *to become*

Gerund diventando
Past participle diventato

Present indicative	*Future*
divento	diventerò
diventi	diventerai
diventa	diventerà
diventiamo	diventeremo
diventate	diventerete
diventano	diventeranno

Imperfect indicative	*Present conditional*
diventavo	diventerei
diventavi	diventeresti
diventava	diventerebbe
diventavamo	diventeremmo
diventavate	diventereste
diventavano	diventerebbero

Present perfect	*Present subjunctive*
sono diventato	diventi
sei diventato	diventi
è diventato	diventi
siamo diventati	diventiamo
siete diventati	diventiate
sono diventati	diventino

Past perfect	*Imperfect subjunctive*
ero diventato	diventassi
eri diventato	diventassi
era diventato	diventasse
eravamo diventati	diventassimo
eravate diventati	diventaste
erano diventati	diventassero

Imperative diventa (non diventare), diventi, diventiamo, diventate, diventino

divertirsi *to enjoy oneself*

Gerund divertendosi
Past participle divertitosi

Present indicative	*Future*
mi diverto	mi divertirò
ti diverti	ti divertirai
si diverte	si divertirà
ci divertiamo	ci divertiremo
vi divertite	vi divertirete
si divertono	si divertiranno

Imperfect indicative	*Present conditional*
mi divertivo	mi divertirei
ti divertivi	ti divertiresti
si divertiva	si divertirebbe
ci divertivamo	ci divertiremmo
vi divertivate	vi divertireste
si divertivano	si divertirebbero

Present perfect	*Present subjunctive*
mi sono divertito	mi diverta
ti sei divertito	ti diverta
si è divertito	si diverta
ci siamo divertiti	ci divertiamo
vi siete divertiti	vi divertiate
si sono divertiti	si divertano

Past perfect	*Imperfect subjunctive*
mi ero divertito	mi divertissi
ti eri divertito	ti divertissi
si era divertito	si divertisse
ci eravamo divertiti	ci divertissimo
vi eravate divertiti	vi divertiste
si erano divertiti	si divertissero

Imperative divertiti (non divertirti), si diverta, divertiamoci, divertitevi, si divertano

dormire *to sleep*

Gerund dormendo
Past participle dormito

Present indicative	*Future*
dormo	dormirò
dormi	dormirai
dorme	dormirà
dormiamo	dormiremo
dormite	dormirete
dormono	dormiranno

Imperfect indicative	*Present conditional*
dormivo	dormirei
dormivi	dormiresti
dormiva	dormirebbe
dormivamo	dormiremmo
dormivate	dormireste
dormivano	dormirebbero

Present perfect	*Present subjunctive*
ho dormito	dorma
hai dormito	dorma
ha dormito	dorma
abbiamo dormito	dormiamo
avete dormito	dormiate
hanno dormito	dormano

Past perfect	*Imperfect subjunctive*
avevo dormito	dormissi
avevi dormito	dormissi
aveva dormito	dormisse
avevamo dormito	dormissimo
avevate dormito	dormiste
avevano dormito	dormissero

Imperative dormi (non dormire), dorma, dormiamo, dormite, dormano

dovere *to have to, ought, should, owe*

Gerund dovendo
Past participle dovuto

Present indicative	*Future*
devo (debbo)	dovrò
devi	dovrai
deve	dovrà
dobbiamo	dovremo
dovete	dovrete
devono (debbono)	dovranno

Imperfect indicative	*Present conditional*
dovevo	dovrei
dovevi	dovresti
doveva	dovrebbe
dovevamo	dovremmo
dovevate	dovreste
dovevano	dovrebbero

Present perfect	*Present subjunctive*
ho dovuto	deva (debba)
hai dovuto	deva (debba)
ha dovuto	deva (debba)
abbiamo dovuto	dobbiamo
avete dovuto	dobbiate
hanno dovuto	devano (debbano)

Past perfect	*Imperfect subjunctive*
avevo dovuto	dovessi
avevi dovuto	dovessi
aveva dovuto	dovesse
avevamo dovuto	dovessimo
avevate dovuto	doveste
avevano dovuto	dovessero

Imperative—

entrare *to enter*

Gerund entrando
Past participle entrato

Present indicative	*Future*
entro	entrerò
entri	entrerai
entra	entrerà
entriamo	entreremo
entrate	entrerete
entrano	entreranno

Imperfect indicative	*Present conditional*
entravo	entrerei
entravi	entreresti
entrava	entrerebbe
entravamo	entreremmo
entravate	entrereste
entravano	entrerebbero

Present perfect	*Present subjunctive*
sono entrato	entri
sei entrato	entri
è entrato	entri
siamo entrati	entriamo
siete entrati	entriate
sono entrati	entrino

Past perfect	*Imperfect subjunctive*
ero entrato	entrassi
eri entrato	entrassi
era entrato	entrasse
eravamo entrati	entrassimo
eravate entrati	entraste
erano entrati	entrassero

Imperative entra (non entrare), entri, entriamo, entrate, entrino

esaurire *to exhaust, wear out, use up*

Gerund esaurendo
Past participle esaurito

Present indicative	*Future*
esaurisco	esaurirò
esaurisci	esaurirai
esaurisce	esaurirà
esauriamo	esauriremo
esaurite	esaurirete
esauriscono	esauriranno

Imperfect indicative	*Present conditional*
esaurivo	esaurirei
esaurivi	esauriresti
esauriva	esaurirebbe
esaurivamo	esauriremmo
esaurivate	esaurireste
esaurivano	esaurirebbero

Present perfect	*Present subjunctive*
ho esaurito	esaurisca
hai esaurito	esaurisca
ha esaurito	esaurisca
abbiamo esaurito	esauriamo
avete esaurito	esauriate
hanno esaurito	esauriscano

Past perfect	*Imperfect subjunctive*
avevo esaurito	esaurissi
avevi esaurito	esaurissi
aveva esaurito	esaurisse
avevamo esaurito	esaurissimo
avevate esaurito	esauriste
avevano esaurito	esaurissero

Imperative esaurisci (non esaurire), esaurisca, esauriamo, esaurite, esauriscano

esprimere *to express*

Gerund esprimendo
Past participle espresso

Present indicative	*Future*
esprimo	esprimerò
esprimi	esprimerai
esprime	esprimerà
esprimiamo	esprimeremo
esprimete	esprimerete
esprimono	esprimeranno

Imperfect indicative	*Present conditional*
esprimevo	esprimerei
esprimevi	esprimeresti
esprimeva	esprimerebbe
esprimevamo	esprimeremmo
esprimevate	esprimereste
esprimevano	esprimerebbero

Present perfect	*Present subjunctive*
ho espresso	esprima
hai espresso	esprima
ha espresso	esprima
abbiamo espresso	esprimiamo
avete espresso	esprimiate
hanno espresso	esprimano

Past perfect	*Imperfect subjunctive*
avevo espresso	esprimessi
avevi espresso	esprimessi
aveva espresso	esprimesse
avevamo espresso	esprimessimo
avevate espresso	esprimeste
avevano espresso	esprimessero

Imperative esprimi (non esprimere), esprima, esprimiamo, esprimete, esprimano

essere *to be*

Gerund essendo
Past participle stato

Present indicative	*Future*
sono	sarò
sei	sarai
è	sarà
siamo	saremo
siete	sarete
sono	saranno

Imperfect indicative	*Present conditional*
ero	sarei
eri	saresti
era	sarebbe
eravamo	saremmo
eravate	sareste
erano	sarebbero

Present perfect	*Present subjunctive*
sono stato	sia
sei stato	sia
è stato	sia
siamo stati	siamo
siete stati	siate
sono stati	siano

Past perfect	*Imperfect subjunctive*
ero stato	fossi
eri stato	fossi
era stato	fosse
eravamo stati	fossimo
eravate stati	foste
eravano stati	fossero

Imperative sii (non essere), sia, siamo, siate, siano

estendere *to extend*

Gerund estendendo
Past participle esteso

Present indicative	*Future*
estendo	estenderò
estendi	estenderai
estende	estenderà
estendiamo	estenderemo
estendete	estenderete
estendono	estenderanno

Imperfect indicative	*Present conditional*
estendevo	estenderei
estendevi	estenderesti
estendeva	estenderebbe
estendevamo	estenderemmo
estendevate	estendereste
estendevano	estenderebbero

Present perfect	*Present subjunctive*
ho esteso	estenda
hai esteso	estenda
ha esteso	estenda
abbiamo esteso	estendiamo
avete esteso	estendiate
hanno esteso	estendano

Past perfect	*Imperfect subjunctive*
avevo esteso	estendessi
avevi esteso	estendessi
aveva esteso	estendesse
avevamo esteso	estendessimo
avevate esteso	estendeste
avevano esteso	estendessero

Imperative estendi (non estendere), estenda, estendiamo, estendete, estendano

evitare *to avoid*

Gerund evitando
Past participle evitato

Present indicative	*Future*
evito	eviterò
eviti	eviterai
evita	eviterà
evitiamo	eviteremo
evitate	eviterete
evitano	eviteranno

Imperfect indicative	*Present conditional*
evitavo	eviterei
evitavi	eviteresti
evitava	eviterebbe
evitavamo	eviteremmo
evitavate	evitereste
evitavano	eviterebbero

Present perfect	*Present subjunctive*
ho evitato	eviti
hai evitato	eviti
ha evitato	eviti
abbiamo evitato	evitiamo
avete evitato	evitiate
hanno evitato	evitino

Past perfect	*Imperfect subjunctive*
avevo evitato	evitassi
avevi evitato	evitassi
aveva evitato	evitasse
avevamo evitato	evitassimo
avevate evitato	evitaste
avevano evitato	evitassero

Imperative evita (non evitare), eviti, evitiamo, evitate, evitino

fare *to do, make*

Gerund facendo
Past participle fatto

Present indicative	*Future*
faccio	farò
fai	farai
fa	farà
facciamo	faremo
fate	farete
fanno	faranno

Imperfect indicative	*Present conditional*
facevo	farei
facevi	faresti
faceva	farebbe
facevamo	faremmo
facevate	fareste
facevano	farebbero

Present perfect	*Present subjunctive*
ho fatto	faccia
hai fatto	faccia
ha fatto	faccia
abbiamo fatto	facciamo
avete fatto	facciate
hanno fatto	facciano

Past perfect	*Imperfect subjunctive*
avevo fatto	facessi
avevi fatto	facessi
aveva fatto	facesse
avevamo fatto	facessimo
avevate fatto	faceste
avevano fatto	facessero

Imperative fa' (fai) (non fare), faccia, facciamo, fate, facciano

ferire *to wound*

Gerund ferendo
Past participle ferito

Present indicative	*Future*
ferisco	ferirò
ferisci	ferirai
ferisce	ferirà
feriamo	feriremo
ferite	ferirete
feriscono	feriranno

Imperfect indicative	*Present conditional*
ferivo	ferirei
ferivi	feriresti
feriva	ferirebbe
ferivamo	feriremmo
ferivate	ferireste
ferivano	ferirebbero

Present perfect	*Present subjunctive*
ho ferito	ferisca
hai ferito	ferisca
ha ferito	ferisca
abbiamo ferito	feriamo
avete ferito	feriate
hanno ferito	feriscano

Past perfect	*Imperfect subjunctive*
avevo ferito	ferissi
avevi ferito	ferissi
aveva ferito	ferisse
avevamo ferito	ferissimo
avevate ferito	feriste
avevano ferito	ferissero

Imperative ferisci (non ferire), ferisca, feriamo, ferite, feriscano

68

fermare *to stop*

Gerund fermando
Past participle fermato

Present indicative	*Future*
fermo	fermerò
fermi	fermerai
ferma	fermerà
fermiamo	fermeremo
fermate	fermerete
fermano	fermeranno

Imperfect indicative	*Present conditional*
fermavo	fermerei
fermavi	fermeresti
fermava	fermerebbe
fermavamo	fermeremmo
fermavate	fermereste
fermavano	fermerebbero

Present perfect	*Present subjunctive*
ho fermato	fermi
hai fermato	fermi
ha fermato	fermi
abbiamo fermato	fermiamo
avete fermato	fermiate
hanno fermato	fermino

Past perfect	*Imperfect subjunctive*
avevo fermato	fermassi
avevi fermato	fermassi
aveva fermato	fermasse
avevamo fermato	fermassimo
avevate fermato	fermaste
avevano fermato	fermassero

Imperative ferma (non fermare), fermi, fermiamo, fermate
fermino

finire *to finish*

Gerund finendo
Past participle finito

Present indicative	*Future*
finisco	finirò
finisci	finirai
finisce	finirà
finiamo	finiremo
finite	finirete
finiscono	finiranno

Imperfect indicative	*Present conditional*
finivo	finirei
finivi	finiresti
finiva	finirebbe
finivamo	finiremmo
finivate	finireste
finivano	finirebbero

Present perfect	*Present subjunctive*
ho finito	finisca
hai finito	finisca
ha finito	finisca
abbiamo finito	finiamo
avete finito	finiate
hanno finito	finiscano

Past perfect	*Imperfect subjunctive*
avevo finito	finissi
avevi finito	finissi
aveva finito	finisse
avevamo finito	finissimo
avevate finito	finiste
avevano finito	finissero

Imperative finisci (non finire), finisca, finiamo, finite, finiscano

fornire *to supply, provide*

Gerund fornendo
Past participle fornito

Present indicative	*Future*
fornisco	fornirò
fornisci	fornirai
fornisce	fornirà
forniamo	forniremo
fornite	fornirete
forniscono	forniranno

Imperfect indicative	*Present conditional*
fornivo	fornirei
fornivi	forniresti
forniva	fornirebbe
fornivamo	forniremmo
fornivate	fornireste
fornivano	fornirebbero

Present perfect	*Present subjunctive*
o fornito	fornisca
ai fornito	fornisca
a fornito	fornisca
abiamo fornito	forniamo
vete fornito	forniate
anno fornito	forniscano

Past perfect	*Imperfect subjunctive*
vevo fornito	fornissi
vevi fornito	fornissi
veva fornito	fornisse
vevamo fornito	fornissimo
vevate fornito	forniste
vevano fornito	fornissero

Imperative fornisci (non fornire), fornisca, forniamo,
fornite, forniscano

gestire *to manage, administrate*

Gerund gestendo
Past participle gestito

Present indicative	*Future*
gestisco	gestirò
gestisci	gestirai
gestisce	gestirà
gestiamo	gestiremo
gestite	gestirete
gestiscono	gestiranno

Imperfect indicative	*Present conditional*
gestivo	gestirei
gestivi	gestiresti
gestiva	gestirebbe
gestivamo	gestiremmo
gestivate	gestireste
gestivano	gestirebbero

Present perfect	*Present subjunctive*
ho gestito	gestisca
hai gestito	gestisca
ha gestito	gestisca
abbiamo gestito	gestiamo
avete gestito	gestiate
hanno gestito	gestiscano

Past perfect	*Imperfect subjunctive*
avevo gestito	gestissi
avevi gestito	gestissi
aveva gestito	gestisse
avevamo gestito	gestissimo
avevate gestito	gestiste
avevano gestito	gestissero

Imperative gestisci (non gestire), gestisca, gestiamo, gestite, gestiscano

giocare *to play*

Gerund giocando
Past participle giocato

Present indicative	*Future*
gioco	giocherò
giochi	giocherai
gioca	giocherà
giochiamo	giocheremo
giocate	giocherete
giocano	giocheranno

Imperfect indicative	*Present conditional*
giocavo	giocherei
giocavi	giocheresti
giocava	giocherebbe
giocavamo	giocheremmo
giocavate	giochereste
giocavano	giocherebbero

Present perfect	*Present subjunctive*
ho giocato	giochi
hai giocato	giochi
ha giocato	giochi
abbiamo giocato	giochiamo
avete giocato	giochiate
hanno giocato	giochino

Past perfect	*Imperfect subjunctive*
avevo giocato	giocassi
avevi giocato	giocassi
aveva giocato	giocasse
avevamo giocato	giocassimo
avevate giocato	giocaste
avevano giocato	giocassero

Imperative gioca (non giocare), giochi, giochiamo, giocate, giochino

girare *to turn*

Gerund girando
Past participle girato

Present indicative	*Future*
giro	girerò
giri	girerai
gira	girerà
giriamo	gireremo
girate	girerete
girano	gireranno

Imperfect indicative	*Present conditional*
giravo	girerei
giravi	gireresti
girava	girerebbe
giravamo	gireremmo
giravate	girereste
giravano	girerebbero

Present perfect	*Present subjunctive*
ho girato	giri
hai girato	giri
ha girato	giri
abbiamo girato	giriamo
avete girato	giriate
hanno girato	girino

Past perfect	*Imperfect subjunctive*
avevo girato	girassi
avevi girato	girassi
aveva girato	girasse
avevamo girato	girassimo
avevate girato	giraste
avevano girato	girassero

Imperative gira (non girare), giri, giriamo, girate, girino

gridare *to shout, scream*

Gerund gridando
Past participle gridato

Present indicative	*Future*
grido	griderò
gridi	griderai
grida	griderà
gridiamo	grideremo
gridate	griderete
gridano	grideranno

Imperfect indicative	*Present conditional*
gridavo	griderei
gridavi	grideresti
gridava	griderebbe
gridavamo	grideremmo
gridavate	gridereste
gridavano	griderebbero

Present perfect	*Present subjunctive*
ho gridato	gridi
hai gridato	gridi
ha gridato	gridi
abbiamo gridato	gridiamo
avete gridato	gridiate
hanno gridato	gridino

Past perfect	*Imperfect subjunctive*
avevo gridato	gridassi
avevi gridato	gridassi
aveva gridato	gridasse
avevamo gridato	gridassimo
avevate gridato	gridaste
avevano gridato	gridassero

Imperative grida (non gridare), gridi, gridiamo, gridate, gridino

guadagnare *to gain, earn*

Gerund guadagnando
Past participle guadagnato

Present indicative	*Future*
guadagno	guadagnerò
guadagni	guadagnerai
guadagna	guadagnerà
guadagniamo	guadagneremo
guadagnate	guadagnerete
guadagnano	guadagneranno

Imperfect indicative	*Present conditional*
guadagnavo	guadagnerei
guadagnavi	guadagneresti
guadagnava	guadagnerebbe
guadagnavamo	guadagneremmo
guadagnavate	guadagnereste
guadagnavano	guadagnerebbero

Present perfect	*Present subjunctive*
ho guadagnato	guadagni
hai guadagnato	guadagni
ha guadagnato	guadagni
abbiamo guadagnato	guadagniamo
avete guadagnato	guadagniate
hanno guadagnato	guadagnino

Past perfect	*Imperfect subjunctive*
avevo guadagnato	guadagnassi
avevi guadagnato	guadagnassi
aveva guadagnato	guadagnasse
avevamo guadagnato	guadagnassimo
avevate guadagnato	guadagnaste
avevano guadagnato	guadagnassero

Imperative guadagna (non guadagnare), guadagni,
guadagniamo, guadagnate, guadagnino

guardare *to look at*

Gerund guardando
Past participle guardato

Present indicative	*Future*
guardo	guarderò
guardi	guarderai
guarda	guarderà
guardiamo	guarderemo
guardate	guarderete
guardano	guarderanno

Imperfect indicative	*Present conditional*
guardavo	guarderei
guardavi	guarderesti
guardava	guarderebbe
guardavamo	guarderemmo
guardavate	guardereste
guardavano	guarderebbero

Present perfect	*Present subjunctive*
ho guardato	guardi
hai guardato	guardi
ha guardato	guardi
abbiamo guardato	guardiamo
avete guardato	guardiate
hanno guardato	guardino

Past perfect	*Imperfect subjunctive*
avevo guardato	guardassi
avevi guardato	guardassi
aveva guardato	guardasse
avevamo guardato	guardassimo
avevate guardato	guardaste
avevano guardato	guardassero

Imperative guarda (non guardare), guardi, guardiamo, guardate, guardino

guarire *to heal, recover*

Gerund guarendo
Past participle guarito

Present indicative	*Future*
guarisco	guarirò
guarisci	guarirai
guarisce	guarirà
guariamo	guariremo
guarite	guarirete
guariscono	guariranno

Imperfect indicative	*Present conditional*
guarivo	guarirei
guarivi	guariresti
guariva	guarirebbe
guarivamo	guariremmo
guarivate	guarireste
guarivano	guarirebbero

Present perfect	*Present subjunctive*
sono guarito	guarisca
sei guarito	guarisca
è guarito	guarisca
siamo guariti	guariamo
siete guariti	guariate
sono guariti	guariscano

Past perfect	*Imperfect subjunctive*
ero guarito	guarissi
eri guarito	guarissi
era guarito	guarisse
eravamo guariti	guarissimo
eravate guariti	guariste
erano guariti	guarissero

Imperative guarisci (non guarire), guarisca, guariamo, guarite, guariscano

guidare *to drive, guide*

Gerund guidando
Past participle guidato

Present indicative	*Future*
guido	guiderò
guidi	guiderai
guida	guiderà
guidiamo	guideremo
guidate	guiderete
guidano	guideranno

Imperfect indicative	*Present conditional*
guidavo	guiderei
guidavi	guideresti
guidava	guiderebbe
guidavamo	guideremmo
guidavate	guidereste
guidavano	guiderebbero

Present perfect	*Present subjunctive*
ho guidato	guidi
hai guidato	guidi
ha guidato	guidi
abbiamo guidato	guidiamo
avete guidato	guidiate
hanno guidato	guidino

Past perfect	*Imperfect subjunctive*
avevo guidato	guidassi
avevi guidato	guidassi
aveva guidato	guidasse
avevamo guidato	guidassimo
avevate guidato	guidaste
avevano guidato	guidassero

Imperative guida (non guidare), guidi, guidiamo, guidate, guidino

imparare *to learn*

Gerund imparando
Past participle imparato

Present indicative	*Future*
imparo	imparerò
impari	imparerai
impara	imparerà
impariamo	impareremo
imparate	imparerete
imparano	impareranno

Imperfect indicative	*Present conditional*
imparavo	imparerei
imparavi	impareresti
imparava	imparerebbe
imparavamo	impareremmo
imparavate	imparereste
imparavano	imparerebbero

Present perfect	*Present subjunctive*
ho imparato	impari
hai imparato	impari
ha imparato	impari
abbiamo imparato	impariamo
avete imparato	impariate
hanno imparato	imparino

Past perfect	*Imperfect subjunctive*
avevo imparato	imparassi
avevi imparato	imparassi
aveva imparato	imparasse
avevamo imparato	imparassimo
avevate imparato	imparaste
avevano imparato	imparassero

Imperative impara (non imparare), impari, impariamo, imparate, imparino

impiegare *to employ, engage, use*

Gerund impiegando
Past participle impiegato

Present indicative	*Future*
impiego	impiegherò
impieghi	impiegherai
impiega	impiegherà
impieghiamo	impiegheremo
impiegate	impiegherete
impiegano	impiegheranno

Imperfect indicative	*Present conditional*
impiegavo	impiegherei
impiegavi	impiegheresti
impiegava	impiegherebbe
impiegavamo	impiegheremmo
impiegavate	impieghereste
impiegavano	impiegherebbero

Present perfect	*Present subjunctive*
ho impiegato	impieghi
hai impiegato	impieghi
ha impiegato	impieghi
abbiamo impiegato	impieghiamo
avete impiegato	impieghiate
hanno impiegato	impieghino

Past perfect	*Imperfect subjunctive*
avevo impiegato	impiegassi
avevi impiegato	impiegassi
aveva impiegato	impiegasse
avevamo impiegato	impiegassimo
avevate impiegato	impiegaste
avevano impiegato	impiegassero

Imperative impiega (non impiegare), impieghi,
impieghiamo, impiegate, impieghino

incontrare *to meet*

Gerund incontrando
Past participle incontrato

Present indicative	*Future*
incontro	incontrerò
incontri	incontrerai
incontra	incontrerà
incontriamo	incontreremo
incontrate	incontrerete
incontrano	incontreranno

Imperfect indicative	*Present conditional*
incontravo	incontrerei
incontravi	incontreresti
incontrava	incontrerebbe
incontravamo	incontreremmo
incontravate	incontrereste
incontravano	incontrerebbero

Present perfect	*Present subjunctive*
ho incontrato	incontri
hai incontrato	incontri
ha incontrato	incontri
abbiamo incontrato	incontriamo
avete incontrato	incontriate
hanno incontrato	incontrino

Past perfect	*Imperfect subjunctive*
avevo incontrato	incontrassi
avevi incontrato	incontrassi
aveva incontrato	incontrasse
avevamo incontrato	incontrassimo
avevate incontrato	incontraste
avevano incontrato	incontrassero

Imperative incontra (non incontrare), incontri, incontriamo, incontrate, incontrino

insegnare *to teach*

Gerund insegnando
Past participle insegnato

Present indicative	*Future*
insegno	insegnerò
insegni	insegnerai
insegna	insegnerà
insegniamo	insegneremo
insegnate	insegnerete
insegnano	insegneranno

Imperfect indicative	*Present conditional*
insegnavo	insegnerei
insegnavi	insegneresti
insegnava	insegnerebbe
insegnavamo	insegneremmo
insegnavate	insegnereste
insegnavano	insegnerebbero

Present perfect	*Present subjunctive*
ho insegnato	insegni
hai insegnato	insegni
ha insegnato	insegni
abbiamo insegnato	insegniamo
avete insegnato	insegniate
hanno insegnato	insegnino

Past perfect	*Imperfect subjunctive*
avevo insegnato	insegnassi
avevi insegnato	insegnassi
aveva insegnato	insegnasse
avevamo insegnato	insegnassimo
avevate insegnato	insegnaste
avevano insegnato	insegnassero

Imperative insegna (non insegnare), insegni, insegniamo, insegnate, insegnino

invitare *to invite*

Gerund invitando
Past participle invitato

Present indicative	*Future*
invito	inviterò
inviti	inviterai
invita	inviterà
invitiamo	inviteremo
invitate	inviterete
invitano	inviteranno

Imperfect indicative	*Present conditional*
invitavo	inviterei
invitavi	inviteresti
invitava	inviterebbe
invitavamo	inviteremmo
invitavate	invitereste
invitavano	inviterebbero

Present perfect	*Present subjunctive*
ho invitato	inviti
hai invitato	inviti
ha invitato	inviti
abbiamo invitato	invitiamo
avete invitato	invitiate
hanno invitato	invitino

Past perfect	*Imperfect subjunctive*
avevo invitato	invitassi
avevi invitato	invitassi
aveva invitato	invitasse
avevamo invitato	invitassimo
avevate invitato	invitaste
avevano invitato	invitassero

Imperative invita (non invitare), inviti, invitiamo, invitate, invitino

lasciare *to leave, let*

Gerund lasciando
Past participle lasciato

Present indicative	*Future*
lascio	lascerò
lasci	lascerai
lascia	lascerà
lasciamo	lasceremo
lasciate	lascerete
lasciano	lasceranno

Imperfect indicative	*Present conditional*
lasciavo	lascerei
lasciavi	lasceresti
lasciava	lascerebbe
lasciavamo	lasceremmo
lasciavate	lascereste
lasciavano	lascerebbero

Present perfect	*Present subjunctive*
ho lasciato	lasci
hai lasciato	lasci
ha lasciato	lasci
abbiamo lasciato	lasciamo
avete lasciato	lasciate
hanno lasciato	lascino

Past perfect	*Imperfect subjunctive*
avevo lasciato	lasciassi
avevi lasciato	lasciassi
aveva lasciato	lasciasse
avevamo lasciato	lasciassimo
avevate lasciato	lasciaste
avevano lasciato	lasciassero

Imperative lascia (non lasciare), lasci, lasciamo, lasciate, lascino

lavare *to wash*

Gerund lavando
Past participle lavato

Present indicative	*Future*
lavo	laverò
lavi	laverai
lava	laverà
laviamo	laveremo
lavate	laverete
lavano	laveranno

Imperfect indicative	*Present conditional*
lavavo	laverei
lavavi	laveresti
lavava	laverebbe
lavavamo	laveremmo
lavavate	lavereste
lavavano	laverebbero

Present perfect	*Present subjunctive*
ho lavato	lavi
hai lavato	lavi
ha lavato	lavi
abbiamo lavato	laviamo
avete lavato	laviate
hanno lavato	lavino

Past perfect	*Imperfect subjunctive*
avevo lavato	lavassi
avevi lavato	lavassi
aveva lavato	lavasse
avevamo lavato	lavassimo
avevate lavato	lavaste
avevano lavato	lavassero

Imperative lava (non lavare), lavi, laviamo, lavate , lavino

lavorare *to work*

Gerund lavorando
Past participle lavorato

Present indicative	*Future*
lavoro	lavorerò
lavori	lavorerai
lavora	lavorerà
lavoriamo	lavoreremo
lavorate	lavorerete
lavorano	lavoreranno

Imperfect indicative	*Present conditional*
lavoravo	lavorerei
lavoravi	lavoreresti
lavorava	lavorerebbe
lavoravamo	lavoreremmo
lavoravate	lavorereste
lavoravano	lavorerebbero

Present perfect	*Present subjunctive*
ho lavorato	lavori
hai lavorato	lavori
ha lavorato	lavori
abbiamo lavorato	lavoriamo
avete lavorato	lavoriate
hanno lavorato	lavorino

Past perfect	*Imperfect subjunctive*
avevo lavorato	lavorassi
avevi lavorato	lavorassi
aveva lavorato	lavorasse
avevamo lavorato	lavorassimo
avevate lavorato	lavoraste
avevano lavorato	lavorassero

Imperative lavora (non lavorare), lavori, lavoriamo, lavorate, lavorino

legare *to bind, tie*

Gerund legando
Past participle legato

Present indicative	*Future*
lego	legherò
leghi	legherai
lega	legherà
leghiamo	legheremo
legate	legherete
legano	legheranno

Imperfect indicative	*Present conditional*
legavo	legherei
legavi	legheresti
legava	legherebbe
legavamo	legheremmo
legavate	leghereste
legavano	legherebbero

Present perfect	*Present subjunctive*
ho legato	leghi
hai legato	leghi
ha legato	leghi
abbiamo legato	leghiamo
avete legato	leghiate
hanno legato	leghino

Past perfect	*Imperfect subjunctive*
avevo legato	legassi
avevi legato	legassi
aveva legato	legasse
avevamo legato	legassimo
avevate legato	legaste
avevano legato	legassero

Imperative lega (non legare), leghi, leghiamo, legate, leghino

leggere *to read*

Gerund leggendo
Past participle letto

Present indicative	*Future*
leggo	leggerò
leggi	leggerai
legge	leggerà
leggiamo	leggeremo
leggete	leggerete
leggono	leggeranno

Imperfect indicative	*Present conditional*
leggevo	leggerei
leggevi	leggeresti
leggeva	leggerebbe
leggevamo	leggeremmo
leggevate	leggereste
leggevano	leggerebbero

Present perfect	*Present subjunctive*
ho letto	legga
hai letto	legga
ha letto	legga
abbiamo letto	leggiamo
avete letto	leggiate
hanno letto	leggano

Past perfect	*Imperfect subjunctive*
avevo letto	leggessi
avevi letto	leggessi
aveva letto	leggesse
avevamo letto	leggessimo
avevate letto	leggeste
avevano letto	leggessero

Imperative leggi (non leggere), legga, leggiamo, leggete, leggano

liberare *to free, release*

Gerund liberando
Past participle liberato

Present indicative	*Future*
libero	libererò
liberi	libererai
libera	libererà
liberiamo	libereremo
liberate	libererete
liberano	libereranno

Imperfect indicative	*Present conditional*
liberavo	libererei
liberavi	libereresti
liberava	libererebbe
liberavamo	libereremmo
liberavate	liberereste
liberavano	libererebbero

Present perfect	*Present subjunctive*
ho liberato	liberi
hai liberato	liberi
ha liberato	liberi
abbiamo liberato	liberiamo
avete liberato	liberiate
hanno liberato	liberino

Past perfect	*Imperfect subjunctive*
avevo liberato	liberassi
avevi liberato	liberassi
aveva liberato	liberasse
avevamo liberato	liberassimo
avevate liberato	liberaste
avevano liberato	liberassero

Imperative libera (non liberare), liberi, liberiamo, liberate, liberino

limitare *to limit, restrict*

Gerund limitando
Past participle limitato

Present indicative	*Future*
limito	limiterò
limiti	limiterai
limita	limiterà
limitiamo	limiteremo
limitate	limiterete
limitano	limiteranno

Imperfect indicative	*Present conditional*
limitavo	limiterei
limitavi	limiteresti
limitava	limiterebbe
limitavamo	limiteremmo
limitavate	limitereste
limitavano	limiterebbero

Present perfect	*Present subjunctive*
ho limitato	limiti
hai limitato	limiti
ha limitato	limiti
abbiamo limitato	limitiamo
avete limitato	limitiate
hanno limitato	limitino

Past perfect	*Imperfect subjunctive*
avevo limitato	limitassi
avevi limitato	limitassi
aveva limitato	limitasse
avevamo limitato	limitassimo
avevate limitato	limitaste
avevano limitato	limitassero

Imperative limita (non limitare), limiti, limitiamo,
limitate, limitino

mandare *to send*

Gerund mandando
Past participle mandato

Present indicative	*Future*
mando	manderò
mandi	manderai
manda	manderà
mandiamo	manderemo
mandate	manderete
mandano	manderanno

Imperfect indicative	*Present conditional*
mandavo	manderei
mandavi	manderesti
mandava	manderebbe
mandavamo	manderemmo
mandavate	mandereste
mandavano	manderebbero

Present perfect	*Present subjunctive*
ho mandato	mandi
hai mandato	mandi
ha mandato	mandi
abbiamo mandato	mandiamo
avete mandato	mandiate
hanno mandato	mandino

Past perfect	*Imperfect subjunctive*
avevo mandato	mandassi
avevi mandato	mandassi
aveva mandato	mandasse
avevamo mandato	mandassimo
avevate mandato	mandaste
avevano mandato	mandassero

Imperative manda (non mandare), mandi, mandiamo,
mandate, mandino

mangiare *to eat*

Gerund mangiando
Past participle mangiato

Present indicative	*Future*
mangio	mangerò
mangi	mangerai
mangia	mangerà
mangiamo	mangeremo
mangiate	mangerete
mangiano	mangeranno

Imperfect indicative	*Present conditional*
mangiavo	mangerei
mangiavi	mangeresti
mangiava	mangerebbe
mangiavamo	mangeremmo
mangiavate	mangereste
mangiavano	mangerebbero

Present perfect	*Present subjunctive*
ho mangiato	mangi
hai mangiato	mangi
ha mangiato	mangi
abbiamo mangiato	mangiamo
avete mangiato	mangiate
hanno mangiato	mangino

Past perfect	*Imperfect subjunctive*
avevo mangiato	mangiassi
avevi mangiato	mangiassi
aveva mangiato	mangiasse
avevamo mangiato	mangiassimo
avevate mangiato	mangiaste
avevano mangiato	mangiassero

Imperative mangia (non mangiare), mangi, mangiamo,
mangiate, mangino

mentire *to lie, tell lies*

Gerund mentendo
Past participle mentito

Present indicative	*Future*
mento	mentirò
menti	mentirai
mente	mentirà
mentiamo	mentiremo
mentite	mentirete
mentono	mentiranno

Imperfect indicative	*Present conditional*
mentivo	mentirei
mentivi	mentiresti
mentiva	mentirebbe
mentivamo	mentiremmo
mentivate	mentireste
mentivano	mentirebbero

Present perfect	*Present subjunctive*
ho mentito	menta
hai mentito	menta
ha mentito	menta
abbiamo mentito	mentiamo
avete mentito	mentiate
hanno mentito	mentano

Past perfect	*Imperfect subjunctive*
avevo mentito	mentissi
avevi mentito	mentissi
aveva mentito	mentisse
avevamo mentito	mentissimo
avevate mentito	mentiste
avevano mentito	mentissero

Imperative menti (non mentire), menta, mentiamo, mentite, mentano

meritare *to deserve*

Gerund meritando
Past participle meritato

Present indicative	*Future*
merito	meriterò
meriti	meriterai
merita	meriterà
meritiamo	meriteremo
meritate	meriterete
meritano	meriteranno

Imperfect indicative	*Present conditional*
meritavo	meriterei
meritavi	meriteresti
meritava	meriterebbe
meritavamo	meriteremmo
meritavate	meritereste
meritavano	meriterebbero

Present perfect	*Present subjunctive*
ho meritato	meriti
hai meritato	meriti
ha meritato	meriti
abbiamo meritato	meritiamo
avete meritato	meritiate
hanno meritato	meritino

Past perfect	*Imperfect subjunctive*
avevo meritato	meritassi
avevi meritato	meritassi
aveva meritato	meritasse
avevamo meritato	meritassimo
avevate meritato	meritaste
avevano meritato	meritassero

Imperative merita (non meritare), meriti, meritiamo,
meritate, meritino

mettere *to put, place, set*

Gerund mettendo
Past participle messo

Present indicative	*Future*
metto	metterò
metti	metterai
mette	metterà
mettiamo	metteremo
mettete	metterete
mettono	metteranno

Imperfect indicative	*Present conditional*
mettevo	metterei
mettevi	metteresti
metteva	metterebbe
mettevamo	metteremmo
mettevate	mettereste
mettevano	metterebbero

Present perfect	*Present subjunctive*
ho messo	metta
hai messo	metta
ha messo	metta
abbiamo messo	mettiamo
avete messo	mettiate
hanno messo	mettano

Past perfect	*Imperfect subjunctive*
avevo messo	mettessi
avevi messo	mettessi
aveva messo	mettesse
avevamo messo	mettessimo
avevate messo	metteste
avevano messo	mettessero

Imperative metti (non mettere), metta, mettiamo, mettete, mettano

migliorare *to improve*

Gerund migliorando
Past participle migliorato

Present indicative	*Future*
miglioro	migliorerò
migliori	migliorerai
migliora	migliorerà
miglioriamo	miglioreremo
migliorate	migliorerete
migliorano	miglioreranno

Imperfect indicative	*Present conditional*
miglioravo	migliorerei
miglioravi	miglioreresti
migliorava	migliorerebbe
miglioravamo	miglioreremmo
miglioravate	migliorereste
miglioravano	migliorerebbero

Present perfect	*Present subjunctive*
ho migliorato	migliori
hai migliorato	migliori
ha migliorato	migliori
abbiamo migliorato	miglioriamo
avete migliorato	miglioriate
hanno migliorato	migliorino

Past perfect	*Imperfect subjunctive*
avevo migliorato	migliorassi
avevi migliorato	migliorassi
aveva migliorato	migliorasse
avevamo migliorato	migliorassimo
avevate migliorato	miglioraste
avevano migliorato	migliorassero

Imperative migliora (non migliorare), migliori, miglioriamo, migliorate, migliorino

morire *to die*

Gerund morendo
Past participle morto

Present indicative	*Future*
muoio	morirò
muori	morirai
muore	morirà
moriamo	moriremo
morite	morirete
muoiono	moriranno

Imperfect indicative	*Present conditional*
morivo	morirei
morivi	moriresti
moriva	morirebbe
morivamo	moriremmo
morivate	morireste
morivano	morirebbero

Present perfect	*Present subjunctive*
sono morto	muoia
sei morto	muoia
è morto	muoia
siamo morti	moriamo
siete morti	moriate
sono morti	muoiano

Past perfect	*Imperfect subjunctive*
ero morto	morissi
eri morto	morissi
era morto	morisse
eravamo morti	morissimo
eravate morti	moriste
erano morti	morissero

Imperative muori (non morire), muoia, moriamo, morite, muoiano

mostrare *to show*

Gerund mostrando
Past participle mostrato

Present indicative	*Future*
mostro	mostrerò
mostri	mostrerai
mostra	mostrerà
mostriamo	mostreremo
mostrate	mostrerete
mostrano	mostreranno

Imperfect indicative	*Present conditional*
mostravo	mostrerei
mostravi	mostreresti
mostrava	mostrerebbe
mostravamo	mostreremmo
mostravate	mostrereste
mostravano	mostrerebbero

Present perfect	*Present subjunctive*
ho mostrato	mostri
hai mostrato	mostri
ha mostrato	mostri
abbiamo mostrato	mostriamo
avete mostrato	mostriate
hanno mostrato	mostrino

Past perfect	*Imperfect subjunctive*
avevo mostrato	mostrassi
avevi mostrato	mostrassi
aveva mostrato	mostrasse
avevamo mostrato	mostrassimo
avevate mostrato	mostraste
avevano mostrato	mostrassero

Imperative mostra (non mostrare), mostri, mostriamo, mostrate, mostrino

99

nascere *to be born*

Gerund nascendo
Past participle nato

Present indicative	*Future*
nasco	nascerò
nasci	nascerai
nasce	nascerà
nasciamo	nasceremo
nascete	nascerete
nascono	nasceranno

Imperfect indicative	*Present conditional*
nascevo	nascerei
nascevi	nasceresti
nasceva	nascerebbe
nascevamo	nasceremmo
nascevate	nascereste
nascevano	nascerebbero

Present perfect	*Present subjunctive*
sono nato	nasca
sei nato	nasca
è nato	nasca
siamo nati	nasciamo
siete nati	nasciate
sono nati	nascano

Past perfect	*Imperfect subjunctive*
ero nato	nascessi
eri nato	nascessi
era nato	nascesse
eravamo nati	nascessimo
eravate nati	nasceste
erano nati	nascessero

Imperative nasci (non nascere), nasca, nasciamo, nascete, nascano

nascondere *to hide*

Gerund nascondendo
Past participle nascosto

Present indicative	*Future*
nascondo	nasconderò
nascondi	nasconderai
nasconde	nasconderà
nascondiamo	nasconderemo
nascondete	nasconderete
nascondono	nasconderanno

Imperfect indicative	*Present conditional*
nascondevo	nasconderei
nascondevi	nasconderesti
nascondeva	nasconderebbe
nascondevamo	nasconderemmo
nascondevate	nascondereste
nascondevano	nasconderebbero

Present perfect	*Present subjunctive*
ho nascosto	nasconda
hai nascosto	nasconda
ha nascosto	nasconda
abbiamo nascosto	nascondiamo
avete nascosto	nascondiate
hanno nascosto	nascondano

Past perfect	*Imperfect subjunctive*
avevo nascosto	nascondessi
avevi nascosto	nascondessi
aveva nascosto	nascondesse
avevamo nascosto	nascondessimo
avevate nascosto	nascondeste
avevano nascosto	nascondessero

Imperative nascondi (non nascondere), nasconda,
nascondiamo, nascondete, nascondano

odiare *to hate*

Gerund odiando
Past participle odiato

Present indicative	*Future*
odio	odierò
odii	odierai
odia	odierà
odiamo	odieremo
odiate	odierete
odiano	odieranno

Imperfect indicative	*Present conditional*
odiavo	odierei
odiavi	odieresti
odiava	odierebbe
odiavamo	odieremmo
odiavate	odiereste
odiavano	odierebbero

Present perfect	*Present subjunctive*
ho odiato	odii
hai odiato	odii
ha odiato	odii
abbiamo odiato	odiamo
avete odiato	odiate
hanno odiato	odino

Past perfect	*Imperfect subjunctive*
avevo odiato	odiassi
avevi odiato	odiassi
aveva odiato	odiasse
avevamo odiato	odiassimo
avevate odiato	odiaste
avevano odiato	odiassero

Imperative odia (non odiare), odii, odiamo, odiate, odino

offendere *to offend*

Gerund offendendo
Past participle offeso

Present indicative	*Future*
offendo	offenderò
offendi	offenderai
offende	offenderà
offendiamo	offenderemo
offendete	offenderete
offendono	offenderanno

Imperfect indicative	*Present conditional*
offendevo	offenderei
offendevi	offenderesti
offendeva	offenderebbe
offendevamo	offenderemmo
offendevate	offendereste
offendevano	offenderebbero

Present perfect	*Present subjunctive*
ho offeso	offenda
hai offeso	offenda
ha offeso	offenda
abbiamo offeso	offendiamo
avete offeso	offendiate
hanno offeso	offendano

Past perfect	*Imperfect subjunctive*
avevo offeso	offendessi
avevi offeso	offendessi
aveva offeso	offendesse
avevamo offeso	offendessimo
avevate offeso	offendeste
avevano offeso	offendessero

Imperative offendi (non offendere), offenda, offendiamo,
offendete, offendano

pagare *to pay*

Gerund pagando
Past participle pagato

Present indicative	*Future*
pago	pagherò
paghi	pagherai
paga	pagherà
paghiamo	pagheremo
pagate	pagherete
pagano	pagheranno

Imperfect indicative	*Present conditional*
pagavo	pagherei
pagavi	pagheresti
pagava	pagherebbe
pagavamo	pagheremmo
pagavate	paghereste
pagavano	pagherebbero

Present perfect	*Present subjunctive*
ho pagato	paghi
hai pagato	paghi
ha pagato	paghi
abbiamo pagato	paghiamo
avete pagato	paghiate
hanno pagato	paghino

Past perfect	*Imperfect subjunctive*
avevo pagato	pagassi
avevi pagato	pagassi
aveva pagato	pagasse
avevamo pagato	pagassimo
avevate pagato	pagaste
avevano pagato	pagassero

Imperative paga (non pagare), paghi, paghiamo, pagate, paghino

parlare *to speak, talk*

Gerund parlando
Past participle parlato

Present indicative	*Future*
parlo	parlerò
parli	parlerai
parla	parlerà
parliamo	parleremo
parlate	parlerete
parlano	parleranno

Imperfect indicative	*Present conditional*
parlavo	parlerei
parlavi	parleresti
parlava	parlerebbe
parlavamo	parleremmo
parlavate	parlereste
parlavano	parlerebbero

Present perfect	*Present subjunctive*
ho parlato	parli
hai parlato	parli
ha parlato	parli
abbiamo parlato	parliamo
avete parlato	parliate
hanno parlato	parlino

Past perfect	*Imperfect subjunctive*
avevo parlato	parlassi
avevi parlato	parlassi
aveva parlato	parlasse
avevamo parlato	parlassimo
avevate parlato	parlaste
avevano parlato	parlassero

Imperative parla (non parlare), parli, parliamo, parlate, parlino

partire *to leave, go away, set out*

Gerund partendo
Past participle partito

Present indicative	*Future*
parto	partirò
parti	partirai
parte	partirà
partiamo	partiremo
partite	partirete
partono	partiranno

Imperfect indicative	*Present conditional*
partivo	partirei
partivi	partiresti
partiva	partirebbe
partivamo	partiremmo
partivate	partireste
partivano	partirebbero

Present perfect	*Present subjunctive*
sono partito	parta
sei partito	parta
è partito	parta
siamo partiti	partiamo
siete partiti	partiate
sono partiti	partano

Past perfect	*Imperfect subjunctive*
ero partito	partissi
eri partito	partissi
era partito	partisse
eravamo partiti	partissimo
eravate partiti	partiste
eravano partiti	partissero

Imperative parti (non partire), parta, partiamo, partite, partano

passeggiare *to walk, stroll*

Gerund passeggiando
Past participle passeggiato

Present indicative	*Future*
passeggio	passeggerò
passeggi	passeggerai
passeggia	passeggerà
passeggiamo	passeggeremo
passeggiate	passeggerete
passeggiano	passeggeranno

Imperfect indicative	*Present conditional*
passeggiavo	passeggerei
passeggiavi	passeggeresti
passeggiava	passeggerebbe
passeggiavamo	passeggeremmo
passeggiavate	passeggereste
passeggiavano	passeggerebbero

Present perfect	*Present subjunctive*
ho passeggiato	passeggi
hai passeggiato	passeggi
ha passeggiato	passeggi
abbiamo passeggiato	passeggiamo
avete passeggiato	passeggiate
hanno passeggiato	passeggino

Past perfect	*Imperfect subjunctive*
avevo passeggiato	passeggiassi
avevi passeggiato	passeggiassi
aveva passeggiato	passeggiasse
avevamo passeggiato	passeggiassimo
avevate passeggiato	passeggiaste
avevano passeggiato	passeggiassero

Imperative passeggia (non passeggiare), passeggi,
passeggiamo, passeggiate, passeggino

perdere *to lose*

Gerund perdendo
Past participle perduto (perso)

Present indicative	*Future*
perdo	perderò
perdi	perderai
perde	perderà
perdiamo	perderemo
perdete	perderete
perdono	perderanno

Imperfect indicative	*Present conditional*
perdevo	perderei
perdevi	perderesti
perdeva	perderebbe
perdevamo	perderemmo
perdevate	perdereste
perdevano	perderebbero

Present perfect	*Present subjunctive*
ho perduto (perso)	perda
hai perduto	perda
ha perduto	perda
abbiamo perduto	perdiamo
avete perduto	perdiate
hanno perduto	perdano

Past perfect	*Imperfect subjunctive*
avevo perduto	perdessi
avevi perduto	perdessi
aveva perduto	perdesse
avevamo perduto	perdessimo
avevate perduto	perdeste
avevano perduto	perdessero

Imperative perdi (non perdere), perda, perdiamo, perdete, perdano

pesare *to weigh*

Gerund pesando
Past participle pesato

Present indicative	*Future*
peso	peserò
pesi	peserai
pesa	peserà
pesiamo	peseremo
pesate	peserete
pesano	peseranno

Imperfect indicative	*Present conditional*
pesavo	peserei
pesavi	peseresti
pesava	peserebbe
pesavamo	peseremmo
pesavate	pesereste
pesavano	peserebbero

Present perfect	*Present subjunctive*
ho pesato	pesi
hai pesato	pesi
ha pesato	pesi
abbiamo pesato	pesiamo
avete pesato	pesiate
hanno pesato	pesino

Past perfect	*Imperfect subjunctive*
avevo pesato	pesassi
avevi pesato	pesassi
aveva pesato	pesasse
avevamo pesato	pesassimo
avevate pesato	pesaste
avevano pesato	pesassero

Imperative pesa (non pesare), pesi, pesiamo, pesate, pesino

piacere *to please, like*

Gerund piacendo
Past participle piaciuto

Present indicative	*Future*
piaccio	piacerò
piaci	piacerai
piace	piacerà
piacciamo	piaceremo
piacete	piacerete
piacciono	piaceranno

Imperfect indicative	*Present conditional*
piacevo	piacerei
piacevi	piaceresti
piaceva	piacerebbe
piacevamo	piaceremmo
piacevate	piacereste
piacevano	piacerebbero

Present perfect	*Present subjunctive*
sono piaciuto	piaccia
sei piaciuto	piaccia
è piaciuto	piaccia
siamo piaciuti	piacciamo
siete piaciuti	piacciate
sono piaciuti	piacciano

Past perfect	*Imperfect subjunctive*
ero piaciuto	piacessi
eri piaciuto	piacessi
era piaciuto	piacesse
eravamo piaciuti	piacessimo
eravate piaciuti	piaceste
erano piaciuti	piacessero

Imperative piaci (non piacere), piaccia, piacciamo, piacete, piacciano

piangere *to cry, weep*

Gerund piangendo
Past participle pianto

Present indicative	*Future*
piango	piangerò
piangi	piangerai
piange	piangerà
piangiamo	piangeremo
piangete	piangerete
piangono	piangeranno

Imperfect indicative	*Present conditional*
piangevo	piangerei
piangevi	piangeresti
piangeva	piangerebbe
piangevamo	piangeremmo
piangevate	piangereste
piangevano	piangerebbero

Present perfect	*Present subjunctive*
ho pianto	pianga
hai pianto	pianga
ha pianto	pianga
abbiamo pianto	piangiamo
avete pianto	piangiate
hanno pianto	piangano

Past perfect	*Imperfect subjunctive*
avevo pianto	piangessi
avevi pianto	piangessi
aveva pianto	piangesse
avevamo pianto	piangessimo
avevate pianto	piangeste
avevano pianto	piangessero

Imperative piangi (non piangere), pianga, piangiamo,
piangete, piangano

piegare *to fold, bend*

Gerund piegando
Past participle piegato

Present indicative	*Future*
piego	piegherò
pieghi	piegherai
piega	piegherà
pieghiamo	piegheremo
piegate	piegherete
piegano	piegheranno

Imperfect indicative	*Present conditional*
piegavo	piegherei
piegavi	piegheresti
piegava	piegherebbe
piegavamo	piegheremmo
piegavate	pieghereste
piegavano	piegherebbero

Present perfect	*Present subjunctive*
ho piegato	pieghi
hai piegato	pieghi
ha piegato	pieghi
abbiamo piegato	pieghiamo
avete piegato	pieghiate
hanno piegato	pieghino

Past perfect	*Imperfect subjunctive*
avevo piegato	piegassi
avevi piegato	piegassi
aveva piegato	piegasse
avevamo piegato	piegassimo
avevate piegato	piegaste
avevano piegato	piegassero

Imperative piega, pieghi, pieghiamo, piegate, pieghino

porgere *to hand, offer, hold out*

Gerund porgendo
Past participle porto

Present indicative	*Future*
porgo	porgerò
porgi	porgerai
porge	porgerà
porgiamo	porgeremo
porgete	porgerete
porgono	porgeranno

Imperfect indicative	*Present conditional*
porgevo	porgerei
porgevi	porgeresti
porgeva	porgerebbe
porgevamo	porgeremmo
porgevate	porgereste
porgevano	porgerebbero

Present perfect	*Present subjunctive*
ho porto	porga
hai porto	porga
ha porto	porga
abbiamo porto	porgiamo
avete porto	porgiate
hanno porto	porgano

Past perfect	*Imperfect subjunctive*
avevo porto	porgessi
avevi porto	porgessi
aveva porto	porgesse
avevamo porto	porgessimo
avevate porto	porgeste
avevano porto	porgessero

Imperative porgi (non porgere), porga, porgiamo, porgete, porgano

porre *to put, place, set*

Gerund ponendo
Past participle posto

Present indicative	*Future*
pongo	porrò
poni	porrai
pone	porrà
poniamo	porremo
ponete	porrete
pongono	porranno

Imperfect indicative	*Present conditional*
ponevo	porrei
ponevi	porresti
poneva	porrebbe
ponevamo	porremmo
ponevate	porreste
ponevano	porrebbero

Present perfect	*Present subjunctive*
ho posto	ponga
hai posto	ponga
ha posto	ponga
abbiamo posto	poniamo
avete posto	poniate
hanno posto	pongano

Past perfect	*Imperfect subjunctive*
avevo posto	ponessi
avevi posto	ponessi
aveva posto	ponesse
avevamo posto	ponessimo
avevate posto	poneste
avevano posto	ponessero

Imperative poni (non porre), ponga, poniamo, ponete, pongano

portare *to bring, carry, wear*

Gerund portando
Past participle portato

Present indicative	*Future*
porto	porterò
porti	porterai
porta	porterà
portiamo	porteremo
portate	porterete
portano	porteranno

Imperfect indicative	*Present conditional*
portavo	porterei
portavi	porteresti
portava	porterebbe
portavamo	porteremmo
portavate	portereste
portavano	porterebbero

Present perfect	*Present subjunctive*
ho portato	porti
hai portato	porti
ha portato	porti
abbiamo portato	portiamo
avete portato	portiate
hanno portato	portino

Past perfect	*Imperfect subjunctive*
avevo portato	portassi
avevi portato	portassi
aveva portato	portasse
avevamo portato	portassimo
avevate portato	portaste
avevano portato	portassero

Imperative porta (non portare), porti, portiamo, portate,
portino

possedere *to possess*

Gerund possedendo
Past participle posseduto

Present indicative	*Future*
possiedo	possederò
possiedi	possederai
possiede	possederà
possediamo	possederemo
possedete	possederete
possiedono	possederanno

Imperfect indicative	*Present conditional*
possedevo	possederei
possedevi	possederesti
possedeva	possederebbe
possedevamo	possederemmo
possedevate	possedereste
possedevano	possederebbero

Present perfect	*Present subjunctive*
ho posseduto	possieda
hai posseduto	possieda
ha posseduto	possieda
abbiamo posseduto	possediamo
avete posseduto	possediate
hanno posseduto	possiedano

Past perfect	*Imperfect subjunctive*
avevo posseduto	possedessi
avevi posseduto	possedessi
aveva posseduto	possedesse
avevamo posseduto	possedessimo
avevate posseduto	possedeste
avevano posseduto	possedessero

Imperative possiedi (non possedere), possieda, possediamo, possedete, possiedano

potere *to be able to, can, may*

Gerund potendo
Past participle potuto

Present indicative	*Future*
posso	potrò
puoi	potrai
può	potrà
possiamo	potremo
potete	potrete
possono	potranno

Imperfect indicative	*Present conditional*
potevo	potrei
potevi	potresti
poteva	potrebbe
potevamo	potremmo
potevate	potreste
potevano	potrebbero

Present perfect	*Present subjunctive*
ho potuto	possa
hai potuto	possa
ha potuto	possa
abbiamo potuto	possiamo
avete potuto	possiate
hanno potuto	possano

Past perfect	*Imperfect subjunctive*
avevo potuto	potessi
avevi potuto	potessi
aveva potuto	potesse
avevamo potuto	potessimo
avevate potuto	poteste
avevano potuto	potessero

Imperative—

117

premere *to press, squeeze*

Gerund premendo
Past participle premuto

Present indicative	*Future*
premo	premerò
premi	premerai
preme	premerà
premiamo	premeremo
premete	premerete
premono	premeranno

Imperfect indicative	*Present conditional*
premevo	premerei
premevi	premeresti
premeva	premerebbe
premevamo	premeremmo
premevate	premereste
premevano	premerebbero

Present perfect	*Present subjunctive*
ho premuto	prema
hai premuto	prema
ha premuto	prema
abbiamo premuto	premiamo
avete premuto	premiate
hanno premuto	premano

Past perfect	*Imperfect subjunctive*
avevo premuto	premessi
avevi premuto	premessi
aveva premuto	premesse
avevamo premuto	premessimo
avevate premuto	premeste
avevano premuto	premessero

Imperative premi (non premere), prema, premiamo, premete, premano

prendere *to take*

Gerund prendendo
Past participle preso

Present indicative	*Future*
prendo	prenderò
prendi	prenderai
prende	prenderà
prendiamo	prenderemo
prendete	prenderete
prendono	prenderanno

Imperfect indicative	*Present conditional*
prendevo	prenderei
prendevi	prenderesti
prendeva	prenderebbe
prendevamo	prenderemmo
prendevate	prendereste
prendevano	prenderebbero

Present perfect	*Present subjunctive*
ho preso	prenda
hai preso	prenda
ha preso	prenda
abbiamo preso	prendiamo
avete preso	prendiate
hanno preso	prendano

Past perfect	*Imperfect subjunctive*
avevo preso	prendessi
avevi preso	prendessi
aveva preso	prendesse
avevamo preso	prendessimo
avevate preso	prendeste
avevano preso	prendessero

Imperative prendi (non prendere), prenda, prendiamo, prendete, prendano

preparare *to prepare*

Gerund preparando
Past participle preparato

Present indicative	*Future*
preparo	preparerò
prepari	preparerai
prepara	preparerà
prepariamo	prepareremo
preparate	preparerete
preparano	prepareranno

Imperfect indicative	*Present conditional*
preparavo	preparerei
preparavi	prepareresti
preparava	preparerebbe
preparavamo	prepareremmo
preparavate	preparereste
preparavano	preparerebbero

Present perfect	*Present subjunctive*
ho preparato	prepari
hai preparato	prepari
ha preparato	prepari
abbiamo preparato	prepariamo
avete preparato	prepariate
hanno preparato	preparino

Past perfect	*Imperfect subjunctive*
avevo preparato	preparassi
avevi preparato	preparassi
aveva preparato	preparasse
avevamo preparato	preparassimo
avevate preparato	preparaste
avevano preparato	preparassero

Imperative prepara (non preparare), prepari, prepariamo, preparate, preparino

presentare *to present, introduce*

Gerund presentando
Past participle presentato

Present indicative	*Future*
presento	presenterò
presenti	presenterai
presenta	presenterà
presentiamo	presenteremo
presentate	presenterete
presentano	presenteranno

Imperfect indicative	*Present conditional*
presentavo	presenterei
presentavi	presenteresti
presentava	presenterebbe
presentavamo	presenteremmo
presentavate	presentereste
presentavano	presenterebbero

Present perfect	*Present subjunctive*
ho presentato	presenti
hai presentato	presenti
ha presentato	presenti
abbiamo presentato	presentiamo
avete presentato	presentiate
hanno presentato	presentino

Past perfect	*Imperfect subjunctive*
avevo presentato	presentassi
avevi presentato	presentassi
aveva presentato	presentasse
avevamo presentato	presentassimo
avevate presentato	presentaste
avevano presentato	presentassero

Imperative presenta (non presentare), presenti, presentiamo, presentate, presentino

121

prestare *to lend*

Gerund prestando
Past participle prestato

Present indicative	*Future*
presto	presterò
presti	presterai
presta	presterà
prestiamo	presteremo
prestate	presterete
prestano	presteranno

Imperfect indicative	*Present conditional*
prestavo	presterei
prestavi	presteresti
prestava	presterebbe
prestavamo	presteremmo
prestavate	prestereste
prestavano	presterebbero

Present perfect	*Present subjunctive*
ho prestato	presti
hai prestato	presti
ha prestato	presti
abbiamo prestato	prestiamo
avete prestato	prestiate
hanno prestato	prestino

Past perfect	*Imperfect subjunctive*
avevo prestato	prestassi
avevi prestato	prestassi
aveva prestato	prestasse
avevamo prestato	prestassimo
avevate prestato	prestaste
avevano prestato	prestassero

Imperative presta (non prestare), presti, prestiamo, prestate, prestino

produrre *to produce*

Gerund producendo
Past participle prodotto

Present indicative	*Future*
produco	produrrò
produci	produrrai
produce	produrrà
produciamo	produrremo
producete	produrrete
producono	produrranno

Imperfect indicative	*Present conditional*
producevo	produrrei
producevi	produrresti
produceva	produrrebbe
producevamo	produrremmo
producevate	produrreste
producevano	produrrebbero

Present perfect	*Present subjunctive*
ho prodotto	produca
hai prodotto	produca
ha prodotto	produca
abbiamo prodotto	produciamo
avete prodotto	produciate
hanno prodotto	producano

Past perfect	*Imperfect subjunctive*
avevo prodotto	producessi
avevi prodotto	producessi
aveva prodotto	producesse
avevamo prodotto	producessimo
avevate prodotto	produceste
avevano prodotto	producessero

Imperative produci (non produrre), produca, produciamo, producete, producano

proibire *to forbid, prohibit*

Gerund proibendo
Past participle proibito

Present indicative	*Future*
proibisco	proibirò
proibisci	proibirai
proibisce	proibirà
proibiamo	proibiremo
proibite	proibirete
proibiscono	proibiranno

Imperfect indicative	*Present conditional*
proibivo	proibirei
proibivi	proibiresti
proibiva	proibirebbe
proibivamo	proibiremmo
proibivate	proibireste
proibivano	proibirebbero

Present perfect	*Present subjunctive*
ho proibito	proibisca
hai proibito	proibisca
ha proibito	proibisca
abbiamo proibito	proibiamo
avete proibito	proibiate
hanno proibito	proibiscano

Past perfect	*Imperfect subjunctive*
avevo proibito	proibissi
avevi proibito	proibissi
aveva proibito	proibisse
avevamo proibito	proibissimo
avevate proibito	proibiste
avevano proibito	proibissero

Imperative proibisci (non proibire), proibisca, proibiamo, proibite, proibiscano

promettere *to promise*

Gerund promettendo
Past participle promesso

Present indicative	*Future*
prometto	prometterò
prometti	prometterai
promette	prometterà
promettiamo	prometteremo
promettete	prometterete
promettono	prometteranno

Imperfect indicative	*Present conditional*
promettevo	prometterei
promettevi	prometteresti
prometteva	prometterebbe
promettevamo	prometteremmo
promettevate	promettereste
promettevano	prometterebbero

Present perfect	*Present subjunctive*
ho promesso	prometta
hai promesso	prometta
ha promesso	prometta
abbiamo promesso	promettiamo
avete promesso	promettiate
hanno promesso	promettano

Past perfect	*Imperfect subjunctive*
avevo promesso	promettessi
avevi promesso	promettessi
aveva promesso	promettesse
avevamo promesso	promettessimo
avevate promesso	prometteste
avevano promesso	promettessero

Imperative prometti (non promettere), prometta,
promettiamo, promettete, promettano

pulire *to clean*

Gerund pulendo
Past participle pulito

Present indicative	*Future*
pulisco	pulirò
pulisci	pulirai
pulisce	pulirà
puliamo	puliremo
pulite	pulirete
puliscono	puliranno

Imperfect indicative	*Present conditional*
pulivo	pulirei
pulivi	puliresti
puliva	pulirebbe
pulivamo	puliremmo
pulivate	pulireste
pulivano	pulirebbero

Present perfect	*Present subjunctive*
ho pulito	pulisca
hai pulito	pulisca
ha pulito	pulisca
abbiamo pulito	puliamo
avete pulito	puliate
hanno pulito	puliscano

Past perfect	*Imperfect subjunctive*
avevo pulito	pulissi
avevi pulito	pulissi
aveva pulito	pulisse
avevamo pulito	pulissimo
avevate pulito	puliste
avevano pulito	pulissero

Imperative pulisci (non pulire), pulisca, puliamo, pulite, puliscano

punire *to punish*

Gerund punendo
Past participle punito

Present indicative	*Future*
punisco	punirò
punisci	punirai
punisce	punirà
puniamo	puniremo
punite	punirete
puniscono	puniranno

Imperfect indicative	*Present conditional*
punivo	punirei
punivi	puniresti
puniva	punirebbe
punivamo	puniremmo
punivate	punireste
punivano	punirebbero

Present perfect	*Present subjunctive*
ho punito	punisca
hai punito	punisca
ha punito	punisca
abbiamo punito	puniamo
avete punito	puniate
hanno punito	puniscano

Past perfect	*Imperfect subjunctive*
avevo punito	punissi
avevi punito	punissi
aveva punito	punisse
avevamo punito	punissimo
avevate punito	puniste
avevano punito	punissero

Imperative punisci (non punire), punisca, puniamo, punite, puniscano

riconoscere *to recognise*

Gerund riconoscendo
Past participle riconosciuto

Present indicative	*Future*
riconosco	riconoscerò
riconosci	riconoscerai
riconosce	riconoscerà
riconosciamo	riconosceremo
riconoscete	riconoscerete
riconoscono	riconosceranno

Imperfect indicative	*Present conditional*
riconoscevo	riconoscerei
riconoscevi	riconosceresti
riconosceva	riconoscerebbe
riconoscevamo	riconosceremmo
riconoscevate	riconoscereste
riconoscevano	riconoscerebbero

Present perfect	*Present subjunctive*
ho riconosciuto	riconosca
hai riconosciuto	riconosca
ha riconosciuto	riconosca
abbiamo riconosciuto	riconosciamo
avete riconosciuto	riconosciate
hanno riconosciuto	riconoscano

Past perfect	*Imperfect subjunctive*
avevo riconosciuto	riconoscessi
avevi riconosciuto	riconoscessi
aveva riconosciuto	riconoscesse
avevamo riconosciuto	riconoscessimo
avevate riconosciuto	riconosceste
avevano riconosciuto	riconoscessero

Imperative riconosci (non riconoscere), riconosca,
riconosciamo, riconoscete, riconoscano

ridere *to laugh*

Gerund ridendo
Past participle riso

Present indicative	*Future*
rido	riderò
ridi	riderai
ride	riderà
ridiamo	rideremo
ridete	riderete
ridono	rideranno

Imperfect indicative	*Present conditional*
ridevo	riderei
ridevi	rideresti
rideva	riderebbe
ridevamo	rideremmo
ridevate	ridereste
ridevano	riderebbero

Present perfect	*Present subjunctive*
ho riso	rida
hai riso	rida
ha riso	rida
abbiamo riso	ridiamo
avete riso	ridiate
hanno riso	ridano

Past perfect	*Imperfect subjunctive*
avevo riso	ridessi
avevi riso	ridessi
aveva riso	ridesse
avevamo riso	ridessimo
avevate riso	rideste
avevano riso	ridessero

Imperative ridi (non ridere), rida, ridiamo, ridete, ridano

rifiutare *to refuse, reject*

Gerund rifiutando
Past participle rifiutato

Present indicative	*Future*
rifiuto	rifiuterò
rifiuti	rifiuterai
rifiuta	rifiuterà
rifiutiamo	rifiuteremo
rifiutate	rifiuterete
rifiutano	rifiuteranno

Imperfect indicative	*Present conditional*
rifiutavo	rifiuterei
rifiutavi	rifiuteresti
rifiutava	rifiuterebbe
rifiutavamo	rifiuteremmo
rifiutavate	rifiutereste
rifiutavano	rifiuterebbero

Present perfect	*Present subjunctive*
ho rifiutato	rifiuti
hai rifiutato	rifiuti
ha rifiutato	rifiuti
abbiamo rifiutato	rifiutiamo
avete rifiutato	rifiutiate
hanno rifiutato	rifiutino

Past perfect	*Imperfect subjunctive*
avevo rifiutato	rifiutassi
avevi rifiutato	rifiutassi
aveva rifiutato	rifiutasse
avevamo rifiutato	rifiutassimo
avevate rifiutato	rifiutaste
avevano rifiutato	rifiutassero

Imperative rifiuta (non rifiutare), rifiuti, rifiutiamo, rifiutate, rifiutino

ringraziare *to thank*

Gerund ringraziando
Past participle ringraziato

Present indicative	*Future*
ringrazio	ringrazierò
ringrazi	ringrazierai
ringrazia	ringrazierà
ringraziamo	ringrazieremo
ringraziate	ringrazierete
ringraziano	ringrazieranno

Imperfect indicative	*Present conditional*
ringraziavo	ringrazierei
ringraziavi	ringrazieresti
ringraziava	ringrazierebbe
ringraziavamo	ringrazieremmo
ringraziavate	ringraziereste
ringraziavano	ringrazierebbero

Present perfect	*Present subjunctive*
ho ringraziato	ringrazi
hai ringraziato	ringrazi
ha ringraziato	ringrazi
abbiamo ringraziato	ringraziamo
avete ringraziato	ringraziate
hanno ringraziato	ringrazino

Past perfect	*Imperfect subjunctive*
avevo ringraziato	ringraziassi
avevi ringraziato	ringraziassi
aveva ringraziato	ringraziasse
avevamo ringraziato	ringraziassimo
avevate ringraziato	ringraziaste
avevano ringraziato	ringraziassero

Imperative ringrazia (non ringraziare), ringrazi, ringraziamo, ringraziate, ringrazino

riscaldare *to heat, warm up*

Gerund riscaldando
Past participle riscaldato

Present indicative	*Future*
riscaldo	riscalderò
riscaldi	riscalderai
riscalda	riscalderà
riscaldiamo	riscalderemo
riscaldate	riscalderete
riscaldano	riscalderanno

Imperfect indicative	*Present conditional*
riscaldavo	riscalderei
riscaldavi	riscalderesti
riscaldava	riscalderebbe
riscaldavamo	riscalderemmo
riscaldavate	riscaldereste
riscaldavano	riscalderebbero

Present perfect	*Present subjunctive*
ho riscaldato	riscaldi
hai riscaldato	riscaldi
ha riscaldato	riscaldi
abbiamo riscaldato	riscaldiamo
avete riscaldato	riscaldiate
hanno riscaldato	riscaldino

Past perfect	*Imperfect subjunctive*
avevo riscaldato	riscaldassi
avevi riscaldato	riscaldassi
aveva riscaldato	riscaldasse
avevamo riscaldato	riscaldassimo
avevate riscaldato	riscaldaste
avevano riscaldato	riscaldassero

Imperative riscalda (non riscaldare), riscaldi, riscaldiamo, riscaldate, riscaldino

rispettare *to respect*

Gerund rispettando
Past participle rispettato

Present indicative	*Future*
rispetto	rispetterò
rispetti	rispetterai
rispetta	rispetterà
rispettiamo	rispetteremo
rispettate	rispetterete
rispettano	rispetteranno

Imperfect indicative	*Present conditional*
rispettavo	rispetterei
rispettavi	rispetteresti
rispettava	rispetterebbe
rispettavamo	rispetteremmo
rispettavate	rispettereste
rispettavano	rispetterebbero

Present perfect	*Present subjunctive*
ho rispettato	rispetti
hai rispettato	rispetti
ha rispettato	rispetti
abbiamo rispettato	rispettiamo
avete rispettato	rispettiate
hanno rispettato	rispettino

Past perfect	*Imperfect subjunctive*
avevo rispettato	rispettassi
avevi rispettato	rispettassi
aveva rispettato	rispettasse
avevamo rispettato	rispettassimo
avevate rispettato	rispettaste
avevano rispettato	rispettassero

Imperative rispetta (non rispettare), rispetti, rispettiamo,
rispettate, rispettino

riuscire *to succeed*

Gerund riuscendo
Past participle riuscito.

Present indicative	*Future*
riesco	riuscirò
riesci	riuscirai
riesce	riuscirà
riusciamo	riusciremo
riuscite	riuscirete
riescono	riusciranno

Imperfect indicative	*Present conditional*
riuscivo	riuscirei
riuscivi	riusciresti
riusciva	riuscirebbe
riuscivamo	riusciremmo
riuscivate	riuscireste
riuscivano	riuscirebbero

Present perfect	*Present subjunctive*
sono riuscito	riesca
sei riuscito	riesca
è riuscito	riesca
siamo riusciti	riusciamo
siete riusciti	riusciate
sono riusciti	riescano

Past perfect	*Imperfect subjunctive*
ero riuscito	riuscissi
eri riuscito	riuscissi
era riuscito	riuscisse
eravamo riusciti	riuscissimo
eravate riusciti	riusciste
erano riusciti	riuscissero

Imperative riesci (non riuscire), riesca, riusciamo, riuscite, riescano

rompere *to break*

Gerund rompendo
Past participle rotto

Present indicative	*Future*
rompo	romperò
rompi	romperai
rompe	romperà
rompiamo	romperemo
rompete	romperete
rompono	romperanno

Imperfect indicative	*Present conditional*
rompevo	romperei
rompevi	romperesti
rompeva	romperebbe
rompevamo	romperemmo
rompevate	rompereste
rompevano	romperebbero

Present perfect	*Present subjunctive*
ho rotto	rompa
hai rotto	rompa
ha rotto	rompa
abbiamo rotto	rompiamo
avete rotto	rompiate
hanno rotto	rompano

Past perfect	*Imperfect subjunctive*
avevo rotto	rompessi
avevi rotto	rompessi
aveva rotto	rompesse
avevamo rotto	rompessimo
avevate rotto	rompeste
avevano rotto	rompessero

Imperative rompi (non rompere), rompa, rompiamo,
rompete, rompano

salire *to go up, climb, mount*

Gerund salendo
Past participle salito

Present indicative	*Future*
salgo	salirò
sali	salirai
sale	salirà
saliamo	saliremo
salite	salirete
salgono	saliranno

Imperfect indicative	*Present conditional*
salivo	salirei
salivi	saliresti
saliva	salirebbe
salivamo	saliremmo
salivate	salireste
salivano	salirebbero

Present perfect	*Present subjunctive*
sono salito	salga
sei salito	salga
è salito	salga
siamo saliti	saliamo
siete saliti	saliate
sono saliti	salgano

Past perfect	*Imperfect subjunctive*
ero salito	salissi
eri salito	salissi
era salito	salisse
eravamo saliti	salissimo
eravate saliti	saliste
eravano saliti	salissero

Imperative sali (non salire), salga, saliamo, salite, salgano

salutare *to greet, salute*

Gerund salutando
Past participle salutato

Present indicative	*Future*
saluto	saluterò
saluti	saluterai
saluta	saluterà
salutiamo	saluteremo
salutate	saluterete
salutano	saluteranno

Imperfect indicative	*Present conditional*
salutavo	saluterei
salutavi	saluteresti
salutava	saluterebbe
salutavamo	saluteremmo
salutavate	salutereste
salutavano	saluterebbero

Present perfect	*Present subjunctive*
ho salutato	saluti
hai salutato	saluti
ha salutato	saluti
abbiamo salutato	salutiamo
avete salutato	salutiate
hanno salutato	salutino

Past perfect	*Imperfect subjunctive*
avevo salutato	salutassi
avevi salutato	salutassi
aveva salutato	salutasse
avevamo salutato	salutassimo
avevate salutato	salutaste
avevano salutato	salutassero

Imperative saluta (non salutare), saluti, salutiamo, salutate, salutino

sapere *to know*

Gerund sapendo
Past participle saputo

Present indicative	*Future*
so	saprò
sai	saprai
sa	saprà
sappiamo	sapremo
sapete	saprete
sanno	sapranno

Imperfect indicative	*Present conditional*
sapevo	saprei
sapevi	sapresti
sapeva	saprebbe
sapevamo	sapremmo
sapevate	sapreste
sapevano	saprebbero

Present perfect	*Present subjunctive*
ho saputo	sappia
hai saputo	sappia
ha saputo	sappia
abbiamo saputo	sappiamo
avete saputo	sappiate
hanno saputo	sappiano

Past perfect	*Imperfect subjunctive*
avevo saputo	sapessi
avevi saputo	sapessi
aveva saputo	sapesse
avevamo saputo	sapessimo
avevate saputo	sapeste
avevano saputo	sapessero

Imperative sappi (non sapere), sappia, sappiamo, sappiate, sappiano

sbagliarsi *to make a mistake*

Gerund sbagliandosi

Past participle sbagliatosi

Present indicative	*Future*
mi sbaglio	mi sbaglierò
ti sbagli	ti sbaglierai
si sbaglia	si sbaglierà
ci sbagliamo	ci sbaglieremo
vi sbagliate	vi sbaglierete
si sbagliano	si sbaglieranno

Imperfect indicative	*Present conditional*
mi sbagliavo	mi sbaglierei
ti sbagliavi	ti sbaglieresti
si sbagliava	si sbaglierebbe
ci sbagliavamo	ci sbaglieremmo
vi sbagliavate	vi sbagliereste
si sbagliavano	si sbaglierebbero

Present perfect	*Present subjunctive*
mi sono sbagliato	mi sbagli
ti sei sbagliato	ti sbagli
si è sbagliato	si sbagli
ci siamo sbagliati	ci sbagliamo
vi siete sbagliati	vi sbagliate
si sono sbagliati	si sbaglino

Past perfect	*Imperfect subjunctive*
mi ero sbagliato	mi sbagliassi
ti eri sbagliato	ti sbagliassi
si era sbagliato	si sbagliasse
ci eravamo sbagliati	ci sbagliassimo
vi eravate sbagliati	vi sbagliaste
si erano sbagliati	si sbagliassero

Imperative sbagliati (non sbagliarti), si sbagli,
sbagliamoci, sbagliatevi, si sbaglino

scegliere *to choose*

Gerund scegliendo
Past participle scelto

Present indicative	*Future*
scelgo	sceglierò
scegli	sceglierai
sceglie	sceglierà
scegliamo	sceglieremo
scegliete	sceglierete
scelgono	sceglieranno

Imperfect indicative	*Present conditional*
sceglievo	sceglierei
sceglievi	sceglieresti
sceglieva	sceglierebbe
sceglievamo	sceglieremmo
sceglievate	scegliereste
sceglievano	sceglierebbero

Present perfect	*Present subjunctive*
ho scelto	scelga
hai scelto	scelga
ha scelto	scelga
abbiamo scelto	scegliamo
avete scelto	scegliate
hanno scelto	scelgano

Past perfect	*Imperfect subjunctive*
avevo scelto	scegliessi
avevi scelto	scegliessi
aveva scelto	scegliesse
avevamo scelto	scegliessimo
avevate scelto	sceglieste
avevano scelto	scegliessero

Imperative scegli (non scegliere), scelga, scegliamo, scegliete, scelgano

scendere *to go down, descend*

Gerund scendendo
Past participle sceso

Present indicative	*Future*
scendo	scenderò
scendi	scenderai
scende	scenderà
scendiamo	scenderemo
scendete	scenderete
scendono	scenderanno

Imperfect indicative	*Present conditional*
scendevo	scenderei
scendevi	scenderesti
scendeva	scenderebbe
scendevamo	scenderemmo
scendevate	scendereste
scendevano	scenderebbero

Present perfect	*Present subjunctive*
sono sceso	scenda
sei sceso	scenda
è sceso	scenda
siamo scesi	scendiamo
siete scesi	scendiate
sono scesi	scendano

Past perfect	*Imperfect subjunctive*
ero sceso	scendessi
eri sceso	scendessi
era sceso	scendesse
eravamo scesi	scendessimo
eravate scesi	scendeste
erano scesi	scendessero

Imperative scendi (non scendere), scenda, scendiamo, scendete, scendano

scoprire *to discover, uncover*

Gerund scoprendo
Past participle scoperto

Present indicative	*Future*
scopro	scoprirò
scopri	scoprirai
scopre	scoprirà
scopriamo	scopriremo
scoprite	scoprirete
scoprono	scopriranno

Imperfect indicative	*Present conditional*
scoprivo	scoprirei
scoprivi	scopriresti
scopriva	scoprirebbe
scoprivamo	scopriremmo
scoprivate	scoprireste
scoprivano	scoprirebbero

Present perfect	*Present subjunctive*
ho scoperto	scopra
hai scoperto	scopra
ha scoperto	scopra
abbiamo scoperto	scopriamo
avete scoperto	scopriate
hanno scoperto	scoprano

Past perfect	*Imperfect subjunctive*
avevo scoperto	scoprissi
avevi scoperto	scoprissi
aveva scoperto	scoprisse
avevamo scoperto	scoprissimo
avevate scoperto	scopriste
avevano scoperto	scoprissero

Imperative scopri (non scoprire), scopra, scopriamo,
scoprite, scoprano

scrivere *to write*

Gerund scrivendo
Past participle scritto

Present indicative	*Future*
scrivo	scriverò
scrivi	scriverai
scrive	scriverà
scriviamo	scriveremo
scrivete	scriverete
scrivono	scriveranno

Imperfect indicative	*Present conditional*
scrivevo	scriverei
scrivevi	scriveresti
scriveva	scriverebbe
scrivevamo	scriveremmo
scrivevate	scrivereste
scrivevano	scriverebbero

Present perfect	*Present subjunctive*
ho scritto	scriva
hai scritto	scriva
ha scritto	scriva
abbiamo scritto	scriviamo
avete scritto	scriviate
hanno scritto	scrivano

Past perfect	*Imperfect subjunctive*
avevo scritto	scrivessi
avevi scritto	scrivessi
aveva scritto	scrivesse
avevamo scritto	scrivessimo
avevate scritto	scriveste
avevano scritto	scrivessero

Imperative scrivi (non scrivere), scriva, scriviamo, scrivete, scrivano

sedere *to sit*

Gerund sedendo
Past participle seduto

Present indicative	*Future*
siedo (seggo)	sederò
siedi	sederai
siede	sederà
sediamo	sederemo
sedete	sederete
siedono (seggono)	sederanno

Imperfect indicative	*Present conditional*
sedevo	sederei
sedevi	sederesti
sedeva	sederebbe
sedevamo	sederemmo
sedevate	sedereste
sedevano	sederebbero

Present perfect	*Present subjunctive*
ho seduto	sieda
hai seduto	sieda
ha seduto	sieda
abbiamo seduto	sediamo
avete seduto	sediate
hanno seduto	siedano

Past perfect	*Imperfect subjunctive*
avevo seduto	sedessi
avevi seduto	sedessi
aveva seduto	sedesse
avevamo seduto	sedessimo
avevate seduto	sedeste
avevano seduto	sedessero

Imperative siedi (non sedere), sieda (segga), sediamo, sedete, siedano (seggano)

seguire *to follow*

Gerund seguendo
Past participle seguito

Present indicative	*Future*
seguo	seguirò
segui	seguirai
segue	seguirà
seguiamo	seguiremo
seguite	seguirete
seguono	seguiranno

Imperfect indicative	*Present conditional*
seguivo	seguirei
seguivi	seguiresti
seguiva	seguirebbe
seguivamo	seguiremmo
seguivate	seguireste
seguivano	seguirebbero

Present perfect	*Present subjunctive*
ho seguito	segua
hai seguito	segua
ha seguito	segua
abbiamo seguito	seguiamo
avete seguito	seguiate
hanno seguito	seguano

Past perfect	*Imperfect subjunctive*
avevo seguito	seguissi
avevi seguito	seguissi
aveva seguito	seguisse
avevamo seguito	seguissimo
avevate seguito	seguiste
avevano seguito	seguissero

Imperative segui (non seguire), segua, seguiamo, seguite, seguano

sentire *to hear, feel*

Gerund sentendo
Past participle sentito

Present indicative	*Future*
sento	sentirò
senti	sentirai
sente	sentirà
sentiamo	sentiremo
sentite	sentirete
sentono	sentiranno

Imperfect indicative	*Present conditional*
sentivo	sentirei
sentivi	sentiresti
sentiva	sentirebbe
sentivamo	sentiremmo
sentivate	sentireste
sentivano	sentirebbero

Present perfect	*Present subjunctive*
ho sentito	senta
hai sentito	senta
ha sentito	senta
abbiamo sentito	sentiamo
avete sentito	sentiate
hanno sentito	sentano

Past perfect	*Imperfect subjunctive*
avevo sentito	sentissi
avevi sentito	sentissi
aveva sentito	sentisse
avevamo sentito	sentissimo
avevate sentito	sentiste
avevano sentito	sentissero

Imperative senti (non sentire), senta, sentiamo, sentite, sentano

servire *to serve*

Gerund servendo
Past participle servito

Present indicative	*Future*
servo	servirò
servi	servirai
serve	servirà
serviamo	serviremo
servite	servirete
servono	serviranno

Imperfect indicative	*Present conditional*
servivo	servirei
servivi	serviresti
serviva	servirebbe
servivamo	serviremmo
servivate	servireste
servivano	servirebbero

Present perfect	*Present subjunctive*
ho servito	serva
hai servito	serva
ha servito	serva
abbiamo servito	serviamo
avete servito	serviate
hanno servito	servano

Past perfect	*Imperfect subjunctive*
avevo servito	servissi
avevi servito	servissi
aveva servito	servisse
avevamo servito	servissimo
avevate servito	serviste
avevano servito	servissero

Imperative servi (non servire), serva, serviamo, servite, servano

soffrire *to suffer, bear, endure*

Gerund soffrendo
Past participle sofferto

Present indicative	*Future*
soffro	soffrirò
soffri	soffrirai
soffre	soffrirà
soffriamo	soffriremo
soffrite	soffrirete
soffrono	soffriranno

Imperfect indicative	*Present conditional*
soffrivo	soffrirei
soffrivi	soffriresti
soffriva	soffrirebbe
soffrivamo	soffriremmo
soffrivate	soffrireste
soffrivano	soffrirebbero

Present perfect	*Present subjunctive*
ho sofferto	soffra
hai sofferto	soffra
ha sofferto	soffra
abbiamo sofferto	soffriamo
avete sofferto	soffriate
hanno sofferto	soffrano

Past perfect	*Imperfect subjunctive*
avevo sofferto	soffrissi
avevi sofferto	soffrissi
aveva sofferto	soffrisse
avevamo sofferto	soffrissimo
avevate sofferto	soffriste
avevano sofferto	soffrissero

Imperative soffri (non soffrire), soffra, soffriamo, soffrite, soffrano

sognare *to dream*

Gerund sognando
Past participle sognato

Present indicative	*Future*
sogno	sognerò
sogni	sognerai
sogna	sognerà
sogniamo	sogneremo
sognate	sognerete
sognano	sogneranno

Imperfect indicative	*Present conditional*
sognavo	sognerei
sognavi	sogneresti
sognava	sognerebbe
sognavamo	sogneremmo
sognavate	sognereste
sognavano	sognerebbero

Present perfect	*Present subjunctive*
ho sognato	sogni
hai sognato	sogni
ha sognato	sogni
abbiamo sognato	sogniamo
avete sognato	sogniate
hanno sognato	sognino

Past perfect	*Imperfect subjunctive*
avevo sognato	sognassi
avevi sognato	sognassi
aveva sognato	sognasse
avevamo sognato	sognassimo
avevate sognato	sognaste
avevano sognato	sognassero

Imperative sogna (non sognare), sogni, sogniamo,
sognate, sognino

149

sorprendere *to surprise*

Gerund sorprendendo
Past participle sorpreso

Present indicative	*Future*
sorprendo	sorprenderò
sorprendi	sorprenderai
sorprende	sorprenderà
sorprendiamo	sorprenderemo
sorprendete	sorprenderete
sorprendono	sorprenderanno

Imperfect indicative	*Present conditional*
sorprendevo	sorprenderei
sorprendevi	sorprenderesti
sorprendeva	sorprenderebbe
sorprendevamo	sorprenderemmo
sorprendevate	sorprendereste
sorprendevano	sorprenderebbero

Present perfect	*Present subjunctive*
ho sorpreso	sorprenda
hai sorpreso	sorprenda
ha sorpreso	sorprenda
abbiamo sorpreso	sorprendiamo
avete sorpreso	sorprendiate
hanno sorpreso	sorprendano

Past perfect	*Imperfect subjunctive*
avevo sorpreso	sorprendessi
avevi sorpreso	sorprendessi
aveva sorpreso	sorprendesse
avevamo sorpreso	sorprendessimo
avevate sorpreso	sorprendeste
avevano sorpreso	sorprendessero

Imperative sorprendi (non sorprendere), sorprenda, sorprendiamo, sorprendete, sorprendano

sospendere *to suspend, hang up*

Gerund sospendendo
Past participle sospeso

Present indicative	*Future*
sospendo	sospenderò
sospendi	sospenderai
sospende	sospenderà
sospendiamo	sospenderemo
sospendete	sospenderete
sospendono	sospenderanno

Imperfect indicative	*Present conditional*
sospendevo	sospenderei
sospendevi	sospenderesti
sospendeva	sospenderebbe
sospendevamo	sospenderemmo
sospendevate	sospendereste
sospendevano	sospenderebbero

Present perfect	*Present subjunctive*
ho sospeso	sospenda
hai sospeso	sospenda
ha sospeso	sospenda
abbiamo sospeso	sospendiamo
avete sospeso	sospendiate
hanno sospeso	sospendano

Past perfect	*Imperfect subjunctive*
avevo sospeso	sospendessi
avevi sospeso	sospendessi
aveva sospeso	sospendesse
avevamo sospeso	sospendessimo
avevate sospeso	sospendeste
avevano sospeso	sospendessero

Imperative sospendi (non sospendere), sospenda,
sospendiamo, sospendete, sospendano

sostenere *to sustain, uphold, support*

Gerund sostenendo
Past participle sostenuto

Present indicative	*Future*
sostengo	sosterrò
sostieni	sosterrai
sostiene	sosterrà
sosteniamo	sosterremo
sostenete	sosterrete
sostengono	sosterranno

Imperfect indicative	*Present conditional*
sostenevo	sosterrei
sostenevi	sosterresti
sosteneva	sosterrebbe
sostenevamo	sosterremmo
sostenevate	sosterreste
sostenevano	sosterrebbero

Present perfect	*Present subjunctive*
ho sostenuto	sostenga
hai sostenuto	sostenga
ha sostenuto	sostenga
abbiamo sostenuto	sosteniamo
avete sostenuto	sosteniate
hanno sostenuto	sostengano

Past perfect	*Imperfect subjunctive*
avevo sostenuto	sostenessi
avevi sostenuto	sostenessi
aveva sostenuto	sostenesse
avevamo sostenuto	sostenessimo
avevate sostenuto	sosteneste
avevano sostenuto	sostenessero

Imperative sostieni (non sostenere), sostenga, sosteniamo, sostenete, sostengano

spedire *to send, mail*

Gerund spedendo
Past participle spedito

Present indicative	*Future*
spedisco	spedirò
spedisci	spedirai
spedisce	spedirà
spediamo	spediremo
spedite	spedirete
spediscono	spediranno

Imperfect indicative	*Present conditional*
spedivo	spedirei
spedivi	spediresti
spediva	spedirebbe
spedivamo	spediremmo
spedivate	spedireste
spedivano	spedirebbero

Present perfect	*Present subjunctive*
ho spedito	spedisca
hai spedito	spedisca
ha spedito	spedisca
abbiamo spedito	spediamo
avete spedito	spediate
hanno spedito	spediscano

Past perfect	*Imperfect subjunctive*
avevo spedito	spedissi
avevi spedito	spedissi
aveva spedito	spedisse
avevamo spedito	spedissimo
avevate spedito	spediste
avevano spedito	spedissero

Imperative spedisci (non spedire), spedisca, spediamo, spedite, spediscano

spegnere *to extinguish, turn off*

Gerund spegnendo
Past participle spento

Present indicative	*Future*
spengo	spegnerò
spegni	spegnerai
spegne	spegnerà
spegniamo	spegneremo
spegnete	spegnerete
spengono	spegneranno

Imperfect indicative	*Present conditional*
spegnevo	spegnerei
spegnevi	spegneresti
spegneva	spegnerebbe
spegnevamo	spegneremmo
spegnevate	spegnereste
spegnevano	spegnerebbero

Present perfect	*Present subjunctive*
ho spento	spenga
hai spento	spenga
ha spento	spenga
abbiamo spento	spegniamo
avete spento	spegniate
hanno spento	spengano

Past perfect	*Imperfect subjunctive*
avevo spento	spegnessi
avevi spento	spegnessi
aveva spento	spegnesse
avevamo spento	spegnessimo
avevate spento	spegneste
avevano spento	spegnessero

Imperative spegni (non spegnere), spenga, spegniamo, spegnete, spegnano

spendere *to spend*

Gerund spendendo
Past participle speso

Present indicative	*Future*
spendo	spenderò
spendi	spenderai
spende	spenderà
spendiamo	spenderemo
spendete	spenderete
spendono	spenderanno

Imperfect indicative	*Present conditional*
spendevo	spenderei
spendevi	spenderesti
spendeva	spenderebbe
spendevamo	spenderemmo
spendevate	spendereste
spendevano	spenderebbero

Present perfect	*Present subjunctive*
ho speso	spenda
hai speso	spenda
ha speso	spenda
abbiamo speso	spendiamo
avete speso	spendiate
hanno speso	spendano

Past perfect	*Imperfect subjunctive*
avevo speso	spendessi
avevi speso	spendessi
aveva speso	spendesse
avevamo speso	spendessimo
avevate speso	spendeste
avevano speso	spendessero

Imperative spendi (non spendere), spenda, spendiamo, spendete, spendano

sperare *to hope*
Gerund sperando
Past participle sperato

Present indicative	*Future*
spero	spererò
speri	spererai
spera	spererà
speriamo	spereremo
sperate	spererete
sperano	spereranno

Imperfect indicative	*Present conditional*
speravo	spererei
speravi	spereresti
sperava	spererebbe
speravamo	spereremmo
speravate	sperereste
speravano	spererebbero

Present perfect	*Present subjunctive*
ho sperato	speri
hai sperato	speri
ha sperato	speri
abbiamo sperato	speriamo
avete sperato	speriate
hanno sperato	sperino

Past perfect	*Imperfect subjunctive*
avevo sperato	sperassi
avevi sperato	sperassi
aveva sperato	sperasse
avevamo sperato	sperassimo
avevate sperato	speraste
avevano sperato	sperassero

Imperative spera (non sperare), speri, speriamo, sperate, sperino

spiegare *to explain*

Gerund spiegando
Past participle spiegato

Present indicative	*Future*
spiego	spiegherò
spieghi	spiegherai
spiega	spiegherà
spieghiamo	spiegheremo
spiegate	spiegherete
spiegano	spiegheranno

Imperfect indicative	*Present conditional*
spiegavo	spiegherei
spiegavi	spiegheresti
spiegava	spiegherebbe
spiegavamo	spiegheremmo
spiegavate	spieghereste
spiegavano	spiegherebbero

Present perfect	*Present subjunctive*
ho spiegato	spieghi
hai spiegato	spieghi
ha spiegato	spieghi
abbiamo spiegato	spieghiamo
avete spiegato	spieghiate
hanno spiegato	spieghino

Past perfect	*Imperfect subjunctive*
avevo spiegato	spiegassi
avevi spiegato	spiegassi
aveva spiegato	spiegasse
avevamo spiegato	spiegassimo
avevate spiegato	spiegaste
avevano spiegato	spiegassero

Imperative spiega (non spiegare), spieghi, spieghiamo, spiegate, spieghino

spingere *to push*

Gerund spingendo
Past participle spinto

Present indicative	*Future*
spingo	spingerò
spingi	spingerai
spinge	spingerà
spingiamo	spingeremo
spingete	spingerete
spingono	spingeranno

Imperfect indicative	*Present conditional*
spingevo	spingerei
spingevi	spingeresti
spingeva	spingerebbe
spingevamo	spingeremmo
spingevate	spingereste
spingevano	spingerebbero

Present perfect	*Present subjunctive*
ho spinto	spinga
hai spinto	spinga
ha spinto	spinga
abbiamo spinto	spingiamo
avete spinto	spingiate
hanno spinto	spingano

Past perfect	*Imperfect subjunctive*
avevo spinto	spingessi
avevi spinto	spingessi
aveva spinto	spingesse
avevamo spinto	spingessimo
avevate spinto	spingeste
avevano spinto	spingessero

Imperative spingi (non spingere), spinga, spingiamo, spingete, spingano

sposare *to marry*

Gerund sposando
Past participle sposato

Present indicative	*Future*
sposo	sposerò
sposi	sposerai
sposa	sposerà
sposiamo	sposeremo
sposate	sposerete
sposano	sposeranno

Imperfect indicative	*Present conditional*
sposavo	sposerei
sposavi	sposeresti
sposava	sposerebbe
sposavamo	sposeremmo
sposavate	sposereste
sposavano	sposerebbero

Present perfect	*Present subjunctive*
ho sposato	sposi
hai sposato	sposi
ha sposato	sposi
abbiamo sposato	sposiamo
avete sposato	sposiate
hanno sposato	sposino

Past perfect	*Imperfect subjunctive*
avevo sposato	sposassi
avevi sposato	sposassi
aveva sposato	sposasse
avevamo sposato	sposassimo
avevate sposato	sposaste
avevano sposato	sposassero

Imperative sposa (non sposare), sposi, sposiamo, sposate, sposino

sprecare *to waste*

Gerund sprecando
Past participle sprecato

Present indicative	*Future*
spreco	sprecherò
sprechi	sprecherai
spreca	sprecherà
sprechiamo	sprecheremo
sprecate	sprecherete
sprecano	sprecheranno

Imperfect indicative	*Present conditional*
sprecavo	sprecherei
sprecavi	sprecheresti
sprecava	sprecherebbe
sprecavamo	sprecheremmo
sprecavate	sprechereste
sprecavano	sprecherebbero

Present perfect	*Present subjunctive*
ho sprecato	sprechi
hai sprecato	sprechi
ha sprecato	sprechi
abbiamo sprecato	sprechiamo
avete sprecato	sprechiate
hanno sprecato	sprechino

Past perfect	*Imperfect subjunctive*
avevo sprecato	sprecassi
avevi sprecato	sprecassi
aveva sprecato	sprecasse
avevamo sprecato	sprecassimo
avevate sprecato	sprecaste
avevano sprecato	sprecassero

Imperative spreca (non sprecare), sprechi, sprechiamo, sprecate, sprechino

stare *to stay, stand*

Gerund stando
Past participle stato

Present indicative	*Future*
sto	starò
stai	starai
sta	starà
stiamo	staremo
state	starete
stanno	staranno

Imperfect indicative	*Present conditional*
stavo	starei
stavi	staresti
stava	starebbe
stavamo	staremmo
stavate	stareste
stavano	starebbero

Present perfect	*Present subjunctive*
sono stato	stia
sei stato	stia
è stato	stia
siamo stati	stiamo
siete stati	stiate
sono stati	stiano

Past perfect	*Imperfect subjunctive*
ero stato	stessi
eri stato	stessi
era stato	stesse
eravamo stati	stessimo
eravate stati	steste
eravano stati	stessero

Imperative sta'(stai) (non stare), stia, stiamo, state, stiano

suggerire *to suggest*

Gerund suggerendo
Past participle suggerito

Present indicative	*Future*
suggerisco	suggerirò
suggerisci	suggerirai
suggerisce	suggerirà
suggeriamo	suggeriremo
suggerite	suggerirete
suggeriscono	suggeriranno

Imperfect indicative	*Present conditional*
suggerivo	suggerirei
suggerivi	suggeriresti
suggeriva	suggerirebbe
suggerivamo	suggeriremmo
suggerivate	suggerireste
suggerivano	suggerirebbero

Present perfect	*Present subjunctive*
ho suggerito	suggerisca
hai suggerito	suggerisca
ha suggerito	suggerisca
abbiamo suggerito	suggeriamo
avete suggerito	suggeriate
hanno suggerito	suggeriscano

Past perfect	*Imperfect subjunctive*
avevo suggerito	suggerissi
avevi suggerito	suggerissi
aveva suggerito	suggerisse
avevamo suggerito	suggerissimo
avevate suggerito	suggeriste
avevano suggerito	suggerissero

Imperative suggerisci (non suggerire), suggerisca,
suggeriamo, suggerite, suggeriscano

suonare *to play* (*instrument*), *sound*

Gerund suonando
Past participle suonato

Present indicative	*Future*
suono	suonerò
suoni	suonerai
suona	suonerà
suoniamo	suoneremo
suonate	suonerete
suonano	suoneranno

Imperfect indicative	*Present conditional*
suonavo	suonerei
suonavi	suoneresti
suonava	suonerebbe
suonavamo	suoneremmo
suonavate	suonereste
suonavano	suonerebbero

Present perfect	*Present subjunctive*
ho suonato	suoni
hai suonato	suoni
ha suonato	suoni
abbiamo suonato	suoniamo
avete suonato	suoniate
hanno suonato	suonino

Past perfect	*Imperfect subjunctive*
avevo suonato	suonassi
avevi suonato	suonassi
aveva suonato	suonasse
avevamo suonato	suonassimo
avevate suonato	suonaste
avevano suonato	suonassero

Imperative suona (non suonare), suoni, suoniamo, suonate, suonino

sviluppare *to develop*

Gerund sviluppando
Past participle sviluppato

Present indicative	*Future*
sviluppo	svilupperò
sviluppi	svilupperai
sviluppa	svilupperà
sviluppiamo	svilupperemo
sviluppate	svilupperete
sviluppano	svilupperanno

Imperfect indicative	*Present conditional*
sviluppavo	svilupperei
sviluppavi	svilupperesti
sviluppava	svilupperebbe
sviluppavamo	svilupperemmo
sviluppavate	svilupperete
sviluppavano	svilupperebbero

Present perfect	*Present subjunctive*
ho sviluppato	sviluppi
hai sviluppato	sviluppi
ha sviluppato	sviluppi
abbiamo sviluppato	sviluppiamo
avete sviluppato	sviluppiate
hanno sviluppato	sviluppino

Past perfect	*Imperfect subjunctive*
avevo sviluppato	sviluppassi
avevi sviluppato	sviluppassi
aveva sviluppato	sviluppasse
avevamo sviluppato	sviluppassimo
avevate sviluppato	sviluppaste
avevano sviluppato	sviluppassero

Imperative sviluppa (non sviluppare), sviluppi,
sviluppiamo, sviluppate, sviluppino

tenere *to keep, hold*

Gerund tenendo
Past participle tenuto

Present indicative	*Future*
tengo	terrò
tieni	terrai
tiene	terrà
teniamo	terremo
tenete	terrete
tengono	terranno

Imperfect indicative	*Present conditional*
tenevo	terrei
tenevi	terresti
teneva	terrebbe
tenevamo	terremmo
tenevate	terreste
tenevano	terrebbero

Present perfect	*Present subjunctive*
ho tenuto	tenga
hai tenuto	tenga
ha tenuto	tenga
abbiamo tenuto	teniamo
avete tenuto	teniate
hanno tenuto	tengano

Past perfect	*Imperfect subjunctive*
avevo tenuto	tenessi
avevi tenuto	tenessi
aveva tenuto	tenesse
avevamo tenuto	tenessimo
avevate tenuto	teneste
avevano tenuto	tenessero

Imperative tieni (non tenere), tenga, teniamo, tenete,
tengano

tentare *to try, tempt, attempt*

Gerund tentando
Past participle tentato

Present indicative	*Future*
tento	tenterò
tenti	tenterai
tenta	tenterà
tentiamo	tenteremo
tentate	tenterete
tentano	tenteranno

Imperfect indicative	*Present conditional*
tentavo	tenterei
tentavi	tenteresti
tentava	tenterebbe
tentavamo	tenteremmo
tentavate	tentereste
tentavano	tenterebbero

Present perfect	*Present subjunctive*
ho tentato	tenti
hai tentato	tenti
ha tentato	tenti
abbiamo tentato	tentiamo
avete tentato	tentiate
hanno tentato	tentino

Past perfect	*Imperfect subjunctive*
avevo tentato	tentassi
avevi tentato	tentassi
aveva tentato	tentasse
avevamo tentato	tentassimo
avevate tentato	tentaste
avevano tentato	tentassero

Imperative tenta (non tentare), tenti, tentiamo, tentate, tentino

tirare *to pull, draw*

Gerund tirando
Past participle tirato

Present indicative	*Future*
tiro	tirerò
tiri	tirerai
tira	tirerà
tiriamo	tireremo
tirate	tirerete
tirano	tireranno

Imperfect indicative	*Present conditional*
tiravo	tirerei
tiravi	tireresti
tirava	tirerebbe
tiravamo	tireremmo
tiravate	tirereste
tiravano	tirerebbero

Present perfect	*Present subjunctive*
ho tirato	tiri
hai tirato	tiri
ha tirato	tiri
abbiamo tirato	tiriamo
avete tirato	tiriate
hanno tirato	tirino

Past perfect	*Imperfect subjunctive*
avevo tirato	tirassi
avevi tirato	tirassi
aveva tirato	tirasse
avevamo tirato	tirassimo
avevate tirato	tiraste
avevano tirato	tirassero

Imperative tira (non tirare), tiri, tiriamo, tirate, tirino

togliere *to take off, take away, remove*

Gerund togliendo
Past participle tolto

Present indicative	*Future*
tolgo	toglierò
togli	toglierai
toglie	toglierà
togliamo	toglieremo
togliete	toglierete
tolgono	toglieranno

Imperfect indicative	*Present conditional*
toglievo	toglierei
toglievi	toglieresti
toglieva	toglierebbe
toglievamo	toglieremmo
toglievate	togliereste
toglievano	toglierebbero

Present perfect	*Present subjunctive*
ho tolto	tolga
hai tolto	tolga
ha tolto	tolga
abbiamo tolto	togliamo
avete tolto	togliate
hanno tolto	tolgano

Past perfect	*Imperfect subjunctive*
avevo tolto	togliessi
avevi tolto	togliessi
aveva tolto	togliesse
avevamo tolto	togliessimo
avevate tolto	toglieste
avevano tolto	togliessero

Imperative togli (non togliere), tolga, togliamo, togliete, tolgano

tornare *to return*

Gerund tornando
Past participle tornato

Present indicative	*Future*
torno	tornerò
torni	tornerai
torna	tornerà
torniamo	torneremo
tornate	tornerete
tornano	torneranno

Imperfect indicative	*Present conditional*
tornavo	tornerei
tornavi	torneresti
tornava	tornerebbe
tornavamo	torneremmo
tornavate	tornereste
tornavano	tornerebbero

Present perfect	*Present subjunctive*
sono tornato	torni
sei tornato	torni
è tornato	torni
siamo tornati	torniamo
siete tornati	torniate
sono tornati	tornino

Past perfect	*Imperfect subjunctive*
ero tornato	tornassi
eri tornato	tornassi
era tornato	tornasse
eravamo tornati	tornassimo
eravate tornati	tornaste
erano tornati	tornassero

Imperative torna (non tornare), torni, torniamo, tornate, tornino

tradurre *to translate*

Gerund traducendo
Past participle tradotto

Present indicative	*Future*
traduco	tradurrò
traduci	tradurrai
traduce	tradurrà
traduciamo	tradurremo
traducete	tradurrete
traducono	tradurranno

Imperfect indicative	*Present conditional*
traducevo	tradurrei
traducevi	tradurresti
traduceva	tradurrebbe
traducevamo	tradurremmo
traducevate	tradurreste
traducevano	tradurrebbero

Present perfect	*Present subjunctive*
ho tradotto	traduca
hai tradotto	traduca
ha tradotto	traduca
abbiamo tradotto	traduciamo
avete tradotto	traduciate
hanno tradotto	traducano

Past perfect	*Imperfect subjunctive*
avevo tradotto	traducessi
avevi tradotto	traducessi
aveva tradotto	traducesse
avevamo tradotto	traducessimo
avevate tradotto	traduceste
avevano tradotto	traducessero

Imperative traduci (non tradurre), traduca, traduciamo, traducete, traducano

trascorrere *to spend, pass* (*time*)

Gerund trascorrendo
Past participle trascorso

Present indicative	*Future*
trascorro	trascorrerò
trascorri	trascorrerai
trascorre	trascorrerà
trascorriamo	trascorreremo
trascorrete	trascorrerete
trascorrono	trascorreranno

Imperfect indicative	*Present conditional*
trascorrevo	trascorrerei
trascorrevi	trascorreresti
trascorreva	trascorrerebbe
trascorrevamo	trascorreremmo
trascorrevate	trascorrereste
trascorrevano	trascorrerebbero

Present perfect	*Present subjunctive*
ho trascorso	trascorra
hai trascorso	trascorra
ha trascorso	trascorra
abbiamo trascorso	trascorriamo
avete trascorso	trascorriate
hanno trascorso	trascorrano

Past perfect	*Imperfect subjunctive*
avevo trascorso	trascorressi
avevi trascorso	trascorressi
aveva trascorso	trascorresse
avevamo trascorso	trascorressimo
avevate trascorso	trascorreste
avevano trascorso	trascorressero

Imperative trascorri (non trascorrere), trascorra,
trascorriamo, trascorrete, trascorrano

trattare *to treat, deal with*

Gerund trattando
Past participle trattato

Present indicative	*Future*
tratto	tratterò
tratti	tratterai
tratta	tratterà
trattiamo	tratteremo
trattate	tratterete
trattano	tratteranno

Imperfect indicative	*Present conditional*
trattavo	tratterei
trattavi	tratteresti
trattava	tratterebbe
trattavamo	tratteremmo
trattavate	trattereste
trattavano	tratterebbero

Present perfect	*Present subjunctive*
ho trattato	tratti
hai trattato	tratti
ha trattato	tratti
abbiamo trattato	trattiamo
avete trattato	trattiate
hanno trattato	trattino

Past perfect	*Imperfect subjunctive*
avevo trattato	trattassi
avevi trattato	trattassi
aveva trattato	trattasse
avevamo trattato	trattassimo
avevate trattato	trattaste
avevano trattato	trattassero

Imperative tratta (non trattare), tratti, trattiamo, trattate, trattino

trattenere *to keep back, entertain*

Gerund trattenendo
Past participle trattenuto

Present indicative	*Future*
trattengo	tratterrò
trattieni	tratterrai
trattiene	tratterrà
tratteniamo	tratterremo
trattenete	tratterrete
trattengono	tratterranno

Imperfect indicative	*Present conditional*
trattenevo	tratterrei
trattenevi	tratterresti
tratteneva	tratterrebbe
trattenevamo	tratterremmo
trattenevate	tratterreste
trattenevano	tratterrebbero

Present perfect	*Present subjunctive*
ho trattenuto	trattenga
hai trattenuto	trattenga
ha trattenuto	trattenga
abbiamo trattenuto	tratteniamo
avete trattenuto	tratteniate
hanno trattenuto	trattengano

Past perfect	*Imperfect subjunctive*
avevo trattenuto	trattenessi
avevi trattenuto	trattenessi
aveva trattenuto	trattenesse
avevamo trattenuto	trattenessimo
avevate trattenuto	tratteneste
avevano trattenuto	trattenessero

Imperative trattieni (non trattenere), trattenga, tratteniamo, trattenete, trattengano

trovare *to find*

Gerund trovando
Past participle trovato

Present indicative	*Future*
trovo	troverò
trovi	troverai
trova	troverà
troviamo	troveremo
trovate	troverete
trovano	troveranno

Imperfect indicative	*Present conditional*
trovavo	troverei
trovavi	troveresti
trovava	troverebbe
trovavamo	troveremmo
trovavate	trovereste
trovavano	troverebbero

Present perfect	*Present subjunctive*
ho trovato	trovi
hai trovato	trovi
ha trovato	trovi
abbiamo trovato	troviamo
avete trovato	troviate
hanno trovato	trovino

Past perfect	*Imperfect subjunctive*
avevo trovato	trovassi
avevi trovato	trovassi
aveva trovato	trovasse
avevamo trovato	trovassimo
avevate trovato	trovaste
avevano trovato	trovassero

Imperative trova (non trovare), trovi, troviamo, trovate, trovino

ubbidire *to obey*

Gerund ubbidendo
Past participle ubbidito

Present indicative	*Future*
ubbidisco	ubbidirò
ubbidisci	ubbidirai
ubbidisce	ubbidirà
ubbidiamo	ubbidiremo
ubbidite	ubbidirete
ubbidiscono	ubbidiranno

Imperfect indicative	*Present conditional*
ubbidivo	ubbidirei
ubbidivi	ubbidiresti
ubbidiva	ubbidirebbe
ubbidivamo	ubbidiremmo
ubbidivate	ubbidireste
ubbidivano	ubbidirebbero

Present perfect	*Present subjunctive*
ho ubbidito	ubbidisca
hai ubbidito	ubbidisca
ha ubbidito	ubbidisca
abbiamo ubbidito	ubbidiamo
avete ubbidito	ubbidiate
hanno ubbidito	ubbidiscano

Past perfect	*Imperfect subjunctive*
avevo ubbidito	ubbidissi
avevi ubbidito	ubbidissi
aveva ubbidito	ubbidisse
avevamo ubbidito	ubbidissimo
avevate ubbidito	ubbidiste
avevano ubbidito	ubbidissero

Imperative ubbidisci (non ubbidire), ubbidisca,
ubbidiamo, ubbidite, ubbidiscano

uccidere *to kill*

Gerund uccidendo
Past participle ucciso

Present indicative	*Future*
uccido	ucciderò
uccidi	ucciderai
uccide	ucciderà
uccidiamo	uccideremo
uccidete	ucciderete
uccidono	uccideranno

Imperfect indicative	*Present conditional*
uccidevo	ucciderei
uccidevi	uccideresti
uccideva	ucciderebbe
uccidevamo	uccideremmo
uccidevate	uccidereste
uccidevano	ucciderebbero

Present perfect	*Present subjunctive*
ho ucciso	uccida
hai ucciso	uccida
ha ucciso	uccida
abbiamo ucciso	uccidiamo
avete ucciso	uccidiate
hanno ucciso	uccidano

Past perfect	*Imperfect subjunctive*
avevo ucciso	uccidessi
avevi ucciso	uccidessi
aveva ucciso	uccidesse
avevamo ucciso	uccidessimo
avevate ucciso	uccideste
avevano ucciso	uccidessero

Imperative uccidi (non uccidere), uccida, uccidiamo, uccidete, uccidano

usare *to use*

Gerund usando
Past participle usato

Present indicative	Future
uso	userò
usi	userai
usa	userà
usiamo	useremo
usate	userete
usano	useranno

Imperfect indicative	Present conditional
usavo	userei
usavi	useresti
usava	userebbe
usavamo	useremmo
usavate	usereste
usavano	userebbero

Present perfect	Present subjunctive
ho usato	usi
hai usato	usi
ha usato	usi
abbiamo usato	usiamo
avete usato	usiate
hanno usato	usino

Past perfect	Imperfect subjunctive
avevo usato	usassi
avevi usato	usassi
aveva usato	usasse
avevamo usato	usassimo
avevate usato	usaste
avevano usato	usassero

Imperative usa (non usare), usi, usiamo, usate, usino

uscire *to go out, come out*

Gerund uscendo
Past participle uscito

Present indicative	*Future*
esco	uscirò
esci	uscirai
esce	uscirà
usciamo	usciremo
uscite	uscirete
escono	usciranno

Imperfect indicative	*Present conditional*
uscivo	uscirei
uscivi	usciresti
usciva	uscirebbe
uscivamo	usciremmo
uscivate	uscireste
uscivano	uscirebbero

Present perfect	*Present subjunctive*
sono uscito	esca
sei uscito	esca
è uscito	esca
siamo usciti	usciamo
siete usciti	usciate
sono usciti	escano

Past perfect	*Imperfect subjunctive*
ero uscito	uscissi
eri uscito	uscissi
era uscito	uscisse
eravamo usciti	uscissimo
eravate usciti	usciste
erano usciti	uscissero

Imperative esci (non uscire), esca, usciamo, uscite, escano

valere *to be worth, be of value*

Gerund valendo
Past participle valso

Present indicative	*Future*
valgo	varrò
vali	varrai
vale	varrà
valiamo	varremo
valete	varrete
valgono	varranno

Imperfect indicative	*Present conditional*
valevo	varrei
valevi	varresti
valeva	varrebbe
valevamo	varremmo
valevate	varreste
valevano	varrebbero

Present perfect	*Present subjunctive*
sono valso	valga
sei valso	valga
é valso	valga
siamo valsi	valiamo
siete valsi	valiate
sono valsi	valgano

Past perfect	*Imperfect subjunctive*
ero valso	valessi
eri valso	valessi
era valso	valesse
eravamo valsi	valessimo
eravate valsi	valeste
erano valsi	valessero

Imperative vali (non valere), valga, valiamo, valete, valgano

179

vedere *to see*

Gerund vedendo
Past participle visto

Present indicative	*Future*
vedo	vedrò
vedi	vedrai
vede	vedrà
vediamo	vedremo
vedete	vedrete
vedono	vedranno

Imperfect indicative	*Present conditional*
vedevo	vedrei
vedevi	vedresti
vedeva	vedrebbe
vedevamo	vedremmo
vedevate	vedreste
vedevano	vedrebbero

Present perfect	*Present subjunctive*
ho visto	veda
hai visto	veda
ha visto	veda
abbiamo visto	vediamo
avete visto	vediate
hanno visto	vedano

Past perfect	*Imperfect subjunctive*
avevo visto	vedessi
avevi visto	vedessi
aveva visto	vedesse
avevamo visto	vedessimo
avevate visto	vedeste
avevano visto	vedessero

Imperative vedi (non vedere), veda, vediamo, vedete,
vedano

vendere *to sell*

Gerund vendendo
Past participle venduto

Present indicative	*Future*
vendo	venderò
vendi	venderai
vende	venderà
vendiamo	venderemo
vendete	venderete
vendono	venderanno

Imperfect indicative	*Present conditional*
vendevo	venderei
vendevi	venderesti
vendeva	venderebbe
vendevamo	venderemmo
vendevate	vendereste
vendevano	venderebbero

Present perfect	*Present subjunctive*
ho venduto	venda
hai venduto	venda
ha venduto	venda
abbiamo venduto	vendiamo
avete venduto	vendiate
hanno venduto	vendano

Past perfect	*Imperfect subjunctive*
avevo venduto	vendessi
avevi venduto	vendessi
aveva venduto	vendesse
avevamo venduto	vendessimo
avevate venduto	vendeste
avevano venduto	vendessero

Imperative vendi (non vendere), venda, vendiamo,
vendete, vendano

venire *to come*

Gerund venendo
Past participle venuto

Present indicative	Future
vengo	verrò
vieni	verrai
viene	verrà
veniamo	verremo
venite	verrete
vengono	verranno

Imperfect indicative	Present conditional
venivo	verrei
venivi	verresti
veniva	verrebbe
venivamo	verremmo
venivate	verreste
venivano	verrebbero

Present perfect	Present subjunctive
sono venuto	venga
sei venuto	venga
è venuto	venga
siamo venuti	veniamo
siete venuti	veniate
sono venuti	vengano

Past perfect	Imperfect subjunctive
ero venuto	venissi
eri venuto	venissi
era venuto	venisse
eravamo venuti	venissimo
eravate venuti	veniste
erano venuti	venissero

Imperative vieni (non venire), venga, veniamo, venite, vengano

versare *to pour*

Gerund versando
Past participle versato

Present indicative	*Future*
verso	verserò
versi	verserai
versa	verserà
versiamo	verseremo
versate	verserete
versano	verseranno

Imperfect indicative	*Present conditional*
versavo	verserei
versavi	verseresti
versava	verserebbe
versavamo	verseremmo
versavate	versereste
versavano	verserebbero

Present perfect	*Present subjunctive*
ho versato	versi
hai versato	versi
ha versato	versi
abbiamo versato	versiamo
avete versato	versiate
hanno versato	versino

Past perfect	*Imperfect subjunctive*
avevo versato	versassi
avevi versato	versassi
aveva versato	versasse
avevamo versato	versassimo
avevate versato	versaste
avevano versato	versassero

Imperative versa (non versare), versi, versiamo, versate, versino

vietare *to forbid, prohibit*
Gerund vietando
Past participle vietato

Present indicative	*Future*
vieto	vieterò
vieti	vieterai
vieta	vieterà
vietiamo	vieteremo
vietate	vieterete
vietano	vieteranno

Imperfect indicative	*Present conditional*
vietavo	vieterei
vietavi	vieteresti
vietava	vieterebbe
vietavamo	vieteremmo
vietavate	vietereste
vietavano	vieterebbero

Present perfect	*Present subjunctive*
ho vietato	vieti
hai vietato	vieti
ha vietato	vieti
abbiamo vietato	vietiamo
avete vietato	vietiate
hanno vietato	vietino

Past perfect	*Imperfect subjunctive*
avevo vietato	vietassi
avevi vietato	vietassi
aveva vietato	vietasse
avevamo vietato	vietassimo
avevate vietato	vietaste
avevano vietato	vietassero

Imperative vieta (non vietare), vieti, vietiamo, vietate, vietino

visitare *to visit*

Gerund visitando
Past participle visitato

Present indicative	*Future*
visito	visiterò
visiti	visiterai
visita	visiterà
visitiamo	visiteremo
visitate	visiterete
visitano	visiteranno

Imperfect indicative	*Present conditional*
visitavo	visiterei
visitavi	visiteresti
visitava	visiterebbe
visitavamo	visiteremmo
visitavate	visitereste
visitavano	visiterebbero

Present perfect	*Present subjunctive*
ho visitato	visiti
hai visitato	visiti
ha visitato	visiti
abbiamo visitato	visitiamo
avete visitato	visitiate
hanno visitato	visitino

Past perfect	*Imperfect subjunctive*
avevo visitato	visitassi
avevi visitato	visitassi
aveva visitato	visitasse
avevamo visitato	visitassimo
avevate visitato	visitaste
avevano visitato	visitassero

Imperative visita (non visitare), visiti, visitiamo, visitate, visitino

vivere *to live*

Gerund vivendo
Past participle vissuto

Present indicative	*Future*
vivo	vivrò
vivi	vivrai
vive	vivrà
viviamo	vivremo
vivete	vivrete
vivono	vivranno

Imperfect indicative	*Present conditional*
vivevo	vivrei
vivevi	vivresti
viveva	vivrebbe
vivevamo	vivremmo
vivevate	vivreste
vivevano	vivrebbero

Present perfect	*Present subjunctive*
ho vissuto	viva
hai vissuto	viva
ha vissuto	viva
abbiamo vissuto	viviamo
avete vissuto	viviate
hanno vissuto	vivano

Past perfect	*Imperfect subjunctive*
avevo vissuto	vivessi
avevi vissuto	vivessi
aveva vissuto	vivesse
avevamo vissuto	vivessimo
avevate vissuto	viveste
avevano vissuto	vivessero

Imperative vivi (non vivere), viva, viviamo, vivete, vivano

volare *to fly*

Gerund volando
Past participle volato

Present indicative	*Future*
volo	volerò
voli	volerai
vola	volerà
voliamo	voleremo
volate	volerete
volano	voleranno

Imperfect indicative	*Present conditional*
volavo	volerei
volavi	voleresti
volava	volerebbe
volavamo	voleremmo
volavate	volereste
volavano	volerebbero

Present perfect	*Present subjunctive*
ho volato	voli
hai volato	voli
ha volato	voli
abbiamo volato	voliamo
avete volato	voliate
hanno volato	volino

Past perfect	*Imperfect subjunctive*
avevo volato	volassi
avevi volato	volassi
aveva volato	volasse
avevamo volato	volassimo
avevate volato	volaste
avevano volato	volassero

Imperative vola (non volare), voli, voliamo, volate, volino

volere *to want*

Gerund volendo
Past participle voluto

Present indicative	*Future*
voglio	vorrò
vuoi	vorrai
vuole	vorrà
vogliamo	vorremo
volete	vorrete
vogliono	vorranno

Imperfect indicative	*Present conditional*
volevo	vorrei
volevi	vorresti
voleva	vorrebbe
volevamo	vorremmo
volevate	vorreste
volevano	vorrebbero

Present perfect	*Present subjunctive*
ho voluto	voglia
hai voluto	voglia
ha voluto	voglia
abbiamo voluto	vogliamo
avete voluto	vogliate
hanno voluto	vogliano

Past perfect	*Imperfect subjunctive*
avevo voluto	volessi
avevi voluto	volessi
aveva voluto	volesse
avevamo voluto	volessimo
avevate voluto	voleste
avevano voluto	volessero

Imperative vuoi (non volere), voglia, vogliamo, vogliate, vogliano